T0287623

Maquis, espías
y héroes

Daniel Arasa

Maquis, espías y héroes

Historias de comandos, campos de exterminio, de la resistencia y de servicios secretos

Diseño de cubierta: Regina Richling
Ilustración de cubierta: iStockphoto
Realización editorial: ebc, serveis editorials
Maquetación: Montse Gómez

ISBN: 978-84-9917-328-3

Depósito legal: B-21.686-2013

Impreso por Gràfiques Cromo Quatre, c/ Amílcar, 80, 08032 Barcelona

Impreso en España - *Printed in Spain*

A tantos héroes anónimos. Los de la guerra,
sí, pero sobre todo a los que luchan por la paz

Introducción

España no fue país beligerante en la Segunda Guerra Mundial, pero en casi todos los escenarios bélicos del mayor de los conflictos que ha sufrido la humanidad se encuentran españoles participando como combatientes. Y, además, en los dos bandos. Deriva de aquellas dos Españas enfrentadas de manera ancestral y, como hecho inmediato, consecuencia de la Guerra Civil (1936-1939), antesala del conflicto mundial.

Bien conocido es que hubo españoles en el maquis o en las fuerzas del ejército francés que participaron en la liberación de París en agosto de 1944, así como, en el bando opuesto, la División Azul que apoyó a Hitler contra la Unión Soviética. Y, por supuesto, en los campos de exterminio nazis, especialmente en el de Mathausen. Pero pocos saben que había también españoles en batallas tan importantes como las de Stalingrado, Normandía, El Alamein, Montecasino o las Ardenas, que los hubo en escenarios tan alejados entre sí como la línea Maginot en la frontera franco-alemana, el Cáucaso, Túnez, Indochina, Narvik (Noruega), las riberas del lago Ladoga (Rusia) o Hiroshima, cuando cayó la primera bomba atómica. Otros fueron pilotos en escuadrillas que combatieron junto a los alemanes en Kursk o formaron parte de fuerzas aéreas soviéticas en todo el frente germano-ruso, mientras los hubo también entre las tripulaciones de fortalezas volantes americanas que bombardeaban las ciudades del Reich.

Algunos son bomberos auxiliares que en Londres colaboran en las tareas de salvamento y extinción de incendios provocados por los ataques de Luftwaffe, o médicos que en hospitales atienden heridos por estos bombardeos. Tampoco están ausentes los españoles de la batalla del Atlántico, porque unos cuantos son marineros de los barcos que, siempre sujetos al peligro de los U-Boot alemanes, transportan hacia Gran Bretaña ayuda militar desde Estados Unidos o Canadá.

No se escapa ningún ámbito importante. Encontramos españoles entre las unidades más politizadas y temidas, como las SS alemanas o el NKVD (después KGB) soviético. En algunos casos hay españoles frente a frente en las trincheras, como en Leningrado, donde la División Azul forma parte de las fuerzas que asedian la ciudad mientras en el interior de ésta unas decenas de españoles contribuyen a la defensa. A finales de la guerra se invierten las tornas y en el Berlín asediado por los rusos hay españoles pronazis entre los defensores de las últimas esencias del nacionalsocialismo y procomunistas entre las victoriosas fuerzas soviéticas atacantes.

No faltan tampoco en ámbitos menos visibles pero en ocasiones más importantes, como los servicios de espionaje de uno y otro bando. Aparte de un alud de confidentes de perfil bajo que dan información sobre movimiento de barcos en los puertos o aportan datos de pasos de frontera, otros trabajan de manera más intensa en Madrid, Barcelona y San Sebastián, en la zona del Estrecho o en Tánger, y hay personajes adscritos de forma muy directa al espionaje o contraespionaje que realizaron en determinados casos servicios muy brillantes.

Algunos colaboran en la radio haciendo propaganda de los de su bando dirigiéndose sobre todo a España y Latinoamérica. Miles de españoles se desplazan para trabajar como obreros en las fábricas alemanas y los hay, en este caso muchos como trabajo forzoso, entre los que construyen fortificaciones en la costa atlántica francesa o las islas anglonormandas o bases de submarinos en Bretaña. Y entre los hielos de Siberia o el calor sofocante del Uzbekistán algunos españoles colaboran en el titánico esfuerzo de producción de material de guerra soviético.

Otros desarrollan una labor tan importante como la de la Resistencia francesa al conducir desde Francia o a través del territorio español a fugitivos de los nazis, muchos de ellos judíos perseguidos o aviadores aliados cuyos aparatos han sido derribados sobre el continente europeo.

Los hay entre los guerrilleros soviéticos que erosionan la retaguardia alemana en Bielorrusia o Ucrania, o entre los comandos ingleses en Egipto y Creta. Muchos que estaban en la Legión Francesa o en los llamados Regimientos de Marcha de este país se pasaron a los ingleses o a los americanos. En las últimas etapas de la guerra un batallón de SS formado en buena parte por españoles pronazis combate en tierras de Yugoslavia contra los partisanos de Tito. Y de la misma forma que hay españoles en los *lager* nazis, no faltan tampoco en el *gulag* soviético.

Es raro un escenario bélico importante de Europa, Oriente Medio o norte de África en el que no se encuentren algunos o muchos españoles. Más infrecuente es en la Guerra del Pacífico. Pero aun así abundan en Filipinas y se encuentran algunos en Japón, China, las islas Marianas, Guadalcanal o entre los *marines* norteamericanos que saltan de isla en isla en dirección al Japón. Ciertamente, una parte significativa de los que se vieron involucrados en la Guerra del Pacífico no serían combatientes sino civiles o religiosos.

Tan amplia presencia española en la Segunda Guerra Mundial no deriva de una planificación desde los órganos de poder. La Guerra Civil Española había sido como una gigantesca explosión que proyectó partículas —en este caso personas del bando perdedor— en todas direcciones. Y el estallido de la Segunda Guerra Mundial sorprendió a muchos en el lugar en que se habían incardinado, donde los tenían retenidos o se encontraban de paso hacia otras partes. En su conjunto, estos son quienes colaboran con el bando aliado. Excepto en el Ejército francés, en que son miles los españoles, se trata normalmente de núcleos pequeños. A lo más una compañía y en muchos casos simplemente unos pocos.

De forma menos dispersa y más organizada están los del otro bando, los favorables al Eje. El núcleo principal de combatientes lo constituiría la División Azul, de la que formarían parte en total más de 46.000 hombres entre los diversos relevos. Pero tampoco debe olvidarse la colaboración habitual de las autoridades de Madrid con las de Roma y Berlín, sobre todo en la primera mitad de la guerra. Enviaron trabajadores y materias primas a Alemania, suministraron al Reich información de los aliados y permitieron que los submarinos del almirante Doenitz recibieran alimentos y combustible en aguas españolas. En los últimos meses de la guerra, unos centenares de fascistas españoles siguieron luchando al lado de los nazis, pero esta vez al margen del Gobierno de Madrid y a disgusto de éste porque podían comprometerle aún más.

La ubicación geográfica de la península Ibérica y el régimen que gobernaba en Madrid dieron, de otro lado, un protagonismo a España que no tendrían otros países neutrales.

A lo largo de dos décadas publiqué diversos libros de investigación sobre los españoles en la Segunda Guerra Mundial, abordando ámbitos monográficos o referentes a la participación de aquellos en las fuerzas de un determinado país. En este libro no se pretende aportar una historia global o de un campo específico, sino mostrar situaciones y acciones de unos cuantos protagonistas en diversos escenarios de la guerra, con historias independientes aunque con el mismo telón de fondo.

D. A.

1

La batalla de Narvik

La lucha en Escandinavia fue consecuencia directa del pacto germano-soviético. Tras el reparto de Polonia, Stalin invadió Estonia, Letonia y Lituania, países que, una vez ocupados, expresaron su deseo vehemente de unirse a la URSS. E, inmediatamente, el zar soviético quiso anexionarse una parte de Finlandia.

El 30 de noviembre de 1939 los soviéticos atacaron Finlandia, donde hallaron una resistencia mucho más encarnizada y organizada de lo que esperaban. Alemania se disgusta por la acción soviética, pero de hecho era aliada de la URSS y calló, y presionó a Suecia y Noruega para impedir que tropas y material bélico procedente de Inglaterra y Francia pudieran cruzar su territorio para ayudar a los finlandeses.

Francia e Inglaterra suministraron material de guerra a la pequeña Finlandia y elaboraron planes para enviar tropas y desalojar a los rusos de la costa norte de Finlandia que habían ocupado.[1] En enero de 1940 el Consejo Supremo Aliado decidió enviar un cuerpo expedicionario de 100.000 hombres. Se mostraron dispuestos a cruzar territorio noruego y sueco, pese a la oposición de estos países. Por este motivo pensaron en un desembarco en Narvik.

Desembarcar en Narvik no formaba parte sólo de una operación altruista de ayuda a la pequeña Finlandia, injustamente agredida. Tenía otra faceta: ocupar el puerto por el que salía el mineral de hierro de alta riqueza de las minas suecas de Kiruna, que alimentaban la industria bélica alemana. Además, a partir de ahí, las tropas franco-británicas po-

1. En aquel momento Finlandia disponía de una salida hacia el Océano Glacial Ártico, territorio que le fue arrebatado por los soviéticos.

drían viajar en ferrocarril hasta Finlandia sin tener que abrirse paso por un territorio ocupado por los rusos.

Franceses e ingleses no trabajaban con demasiadas prisas a finales de 1939 y principios de 1940. Era el período que llamaban *drôle de guerre*, la guerra falsa, porque pese a las hostilidades declaradas y las grandes fortificaciones, ninguno de los contendientes disparaba un solo tiro. Pasaron meses en los que las tropas franco-británicas, que habían de ayudar a los finlandeses, se estuvieron adiestrando y empezaron a prepararse para embarcar. Finlandia no podía resistir más. Pidió la paz el 7 de marzo de 1940 y el 14 del mismo mes se firmó el acuerdo en Moscú, doblegándose a las exigencias soviéticas.

Los alemanes, por su lado, sabían que con la excusa de ayudar a Finlandia, los franco-británicos pretendían ocupar Narvik, un puerto que Alemania no podía perder de ninguna manera. Y con gran audacia, Berlín se avanzó a sus adversarios ocupando Noruega. Tras las presiones de última hora del embajador alemán en Oslo exigiendo que el pronazi Quisling fuera nombrado jefe del gobierno noruego, la noche del 8 al 9 de abril de 1940 se puso en marcha el plan. Los soldados de Hitler ocuparon Dinamarca en muy pocas horas y prácticamente sin resistencia —hubo gente que cuando iba a trabajar y se encontró a las tropas alemanas en las calles llegó a pensar que se trataba de la filmación de una película—, y con una acción naval y aérea relámpago combinada, ocuparon los principales puertos y aeropuertos noruegos. La Royal Navy, muy superior a la flota alemana, hundió una gran parte de los navíos de la Kriegmarine que participaron en la acción, aunque eso ocurrió a partir del día 10, cuando los desembarcos ya se habían producido.

Entonces se iniciaron en serio las operaciones terrestres franco-británicas para expulsar a los alemanes.

Las unidades francesas

El cuerpo expedicionario francés que se preparaba inicialmente para ir a Finlandia lo formaban unidades alpinas estacionadas en el Delfinat, cerca de la frontera italiana, a las que se sumaría la 13.ª Semibrigada de la Legión Extranjera, integrada por dos batallones de legionarios —1.º y 2.º— con una fuerte presencia de españoles, especialmente en el 2.º Batallón.

Por otra parte, en Le Barcarès se constituye otro batallón que lleva el nombre de 11.º Batallón de Marcha de Ultramar, que se prevé se sume a la expedición. Lo forman básicamente españoles —con un alto porcentaje de catalanes— que habían estado internados en los campos de concentración franceses y que se habían enrolado en los llamados Regimientos de Marcha, similares a la Legión pero con el alistamiento «mientras durase la guerra», en tanto que los legionarios firmaban por cinco años, hubiera o no conflictos bélicos. Aquel batallón, no obstante, no sería enviado a Noruega sino a Siria.

Las tropas francesas se trasladaron a Escocia y desde allí embarcaron hacia Noruega junto con algunas unidades inglesas y polacas, todas ellas bajo el mando global británico.

Fuerzas aliadas desembarcaron en Namsos y Andalsnes, pero los convoyes donde iban los españoles se dirigieron hacia Narvik, más al norte. El jefe de la expedición naval pide que la fuerza principal de desembarco vaya directamente a Narvik, pero la jefatura aliada no lo considera así y desembarcan en Harstad, capital de las islas Lofoten, que siguen en poder de los noruegos. Empiezan a surgir algunos problemas: faltan esquís y gafas oscuras para proteger la vista de los soldados, grúas para desembarcar material pesado, apenas hay artillería antiaérea...

Barco alemán hundido por la Royal Navy.

Una parte de estas dificultades deriva no tanto de la falta de material como de los defectos de organización, ya que algunos barcos transportaban material y otros llevaban a las tropas, y algunos de los primeros llegaron con retraso.

El ataque de franceses, ingleses y polacos se ha de realizar en un territorio muy abrupto. La costa está formada por enormes acantilados donde se han fortificado los alemanes, mientras las playas donde las fuerzas asaltantes pueden desembarcar son muy pequeñas. El jefe de las tropas aliadas decide no atacar directamente Narvik, sino hacer una operación de tenaza al norte y al sur del fiordo de aquella población. El 1 de mayo tropas francesas desembarcan en el fiordo de Gratanger y otras unidades —con predominio de españoles— lo hacen en Bjerkvik.

Ocupación y saqueo de Bjerkvik

La flota británica bombardea Bjerkvik. Las casas de madera arden como antorchas y la iglesia, donde los alemanes habían acumulado municiones, explota y mata a numerosos habitantes del pueblo. Es medianoche cuando las barcazas de desembarco que transportaban legionarios se dirigen hacia la costa incendiada, pero desde los acantilados los alemanes disparan y también algunas barcas son hundidas. Mueren varios legionarios tragados por el mar y no todos los cuerpos pueden ser recuperados. Otros son identificados y enterrados, como Emili Blanc, Juan Garrido, Clemente Belsa o Juan Lozano.

Los combates en los acantilados desde donde disparan los alemanes se prolongan durante horas. Sigue después la ocupación del pueblo y la persecución del enemigo, destacando en esta acción el aragonés Espallargas. Erwan Bergot en su libro *La Legión* (francesa) señala que «la violencia y la rabia de unos y otros exasperaron a los españoles. Expulsan a los alemanes de la aldea y los obligan a dirigirse a la montaña. A 300 metros de altura hay nieve, a 600 metros la temperatura desciende a 30 grados bajo cero. Muchos alemanes mueren de frío, de miedo. También hay caídas, porque los acantilados están helados y las grietas son numerosas. A la vuelta, para calmarse, los españoles expolian las ruinas de Bjerkvik; no serán los únicos pícaros de esta guerra».

Georges Blond, destacado historiador de la Legión francesa, dedica mucha más extensión a la presencia de legionarios españoles, llegando a afirmar que marcaron un período de la Legión Extranjera. Y señala: «Un buen número de oficiales los habían visto con desconfianza, bautizándolos como "los comunistas", hasta el punto de lamentarse de haberlos llevado a Noruega. Estos "rojos" o "exrojos", no obstante, herederos de las virtudes militares de su raza, se batieron como leones en las montañas cubiertas de nieve de Noruega. Después de apoderarse de Bjerkvik, ellos y sus compañeros saquearon las ruinas. La sangre vertida en la nieve, la visión de los cadáveres carbonizados, de ninguna manera suscitan los sentimientos más nobles».

El capitán francés Pierre O. Lapie, condecorado por sus combates en Noruega, dice en su libro *With the Foreign Legion at Narvik* que «los españoles reconocieron en aquellos caminos tortuosos algo similar a sus tierras. Saltaban de un lado a otro como tigres y nunca parecían estar agotados». Y el general Bethouart, jefe de las tropas francesas en Noruega, en sus *Memorias* califica a los españoles de «turbulentos, difíciles de gobernar, pero de magnífico valor».

Los legionarios y el resto de tropas francesas ocuparon Elvegaard. Después, los combates fueron especialmente intensos en un punto clave de toda la operación: la cota 220. Los alemanes, como en toda la batalla, eran poco numerosos, pero luchaban con gran tenacidad, estaban bien atrincherados en posiciones elevadas aprovechando un terreno muy apto para la defensa, y bien dirigidos por el general de brigada Eduard Dietl, que sería considerado el héroe de Narvik.

El general Bethouart explica que en un momento del combate en la cota 220, cuando no conseguían avanzar por culpa de un nido de ametralladoras alemán que lo impedía, «de golpe, tres legionarios españoles iniciaron la escalada del impresionante risco. Dos de ellos caen heridos mortalmente por el fuego ametrallador, pero el tercero, Gayoso, consigue llegar hasta la posición enemiga y los cinco o seis alemanes que resistían allí, salieron huyendo a la desbandada y se precipitaron al vacío como los compañeros de Gayoso. Éste, con las manos al aire, enseña la ametralladora capturada, gritando como un loco». Sería condecorado por esta acción.

No eran asesinos

Según testimonios de los legionarios, y también lo asevera M. J. Torris en su libro *Narvik*, en esta cota un oficial francés dio la orden o sugirió a unos españoles que rematasen a unos oficiales alemanes heridos. Supuso que tendrían un gran odio contra los nazis, por su colaboración con Franco durante la Guerra Civil, pero la respuesta de ellos fue: «No somos asesinos», y alguno de los testimonios explica que poco faltó para que disparasen contra el oficial que había ordenado rematar a los heridos.[2]

Tras conquistar el lago-aeródromo de Hartvik, las tropas francesas persiguieron a los alemanes, y un grupo de legionarios, entre los que estaban el catalán Queral y el aragonés Espallargas, llegaron a contactar con un núcleo de guerrilleros noruegos refugiados en las montañas.

La experiencia militar de los legionarios españoles se pone en evidencia ante sus propios compañeros de otras nacionalidades. Por ejemplo, en una ocasión vieron pasar un avión alemán, de aspecto inofensivo, que poco después de alejó. Los españoles empezaron inmediatamente a cavar pozos de tirador mientras los otros se burlaban de ellos, considerándolos cobardes. No pasó mucho rato cuando llegaron los bombarderos alemanes y todos corrieron entonces a guarecerse en aquellos hoyos. Lo españoles sabían que el primer avión era de reconocimiento y que después vendrían las pavas.[3] Ni siquiera en las congelaciones fueron los mediterráneos los más afectados. En parte porque los legionarios lucharon siempre cerca de la costa, donde las temperaturas no eran tan bajas como en el interior, pero también porque la fértil imaginación latina supo encontrar recursos para protegerse.

La conquista de Narvik

Los días siguientes las tropas francesas avanzan por la península de Oyjord, que llegan a controlar el 19 de mayo. Se prepara el asalto final a

2. M. J. Torris, *Narvik*, París, 1942.

3. Nombre popular con el que se conocían a los aviones de bombardeo en la guerra española, especialmente los Junkers Ju52.

El escudo de Narvik.

Narvik, objetivo de la operación, para la noche del 27 al 28 de mayo. Allí han de confluir tropas francesas, polacas, británicas y noruegas.

Los aliados disponen de una gran superioridad numérica. Son, como mínimo, 24.000 hombres desembarcados, a los que hay que sumar dos brigadas noruegas. Los alemanes apenas llegan a 4.000 efectivos. Hay un elemento complementario: la Luftwaffe domina el espacio aéreo, mientras que el marítimo lo controla la flota británica.

El ataque definitivo a Narvik se encarga al general Auchinlek —quien más tarde sería jefe del Ejército británico en el norte de África y Oriente Medio—, sustituyendo al mayor-general Macksey.

Los preparativos para el asalto a Narvik están ya muy avanzados cuando el almirante Cork, jefe naval de la operación, recibe un telegrama de Londres en el que se le ordena la retirada total de las tropas aliadas «porque son necesarias para la defensa del propio Reino Unido».

La noticia sorprende a los responsables de la operación, porque en la Noruega más septentrional los aliados llevaban la iniciativa, mientras que en el sur y el centro de aquel país, sus ataques habían fracasado. La novedad fundamental era que los alemanes habían lanzado desde el 10 de mayo su ofensiva sobre Francia, Bélgica y Holanda y los aliados se batían en retirada. Noruega pasaba a ser un objetivo secundario.

Pese a la orden, y ya como una cuestión de honor, los comandantes de la operación deciden atacar Narvik la noche del 27 al 28 de mayo, tal y como tenían previsto.

Los legionarios españoles explican que la montaña que tenían que asaltar les recordaba Gibraltar, aunque a diferencia del peñón, aquella era más alta y cubierta de nieve y hielo. Y por su enorme acantilado discurría la vía férrea, la llamada «ruta del hierro».

La noche prevista se produjo el ataque. Fueron combates intensos, los alemanes causaron numerosas bajas entre los legionarios y las tropas aliadas que escalaban la montaña. Tras un día entero de combates, los alemanes se retiraron y abandonaron Narvik. Los aliados concedieron a los noruegos ser los primeros en entrar en la población liberada.

Persecución de los alemanes

El pillaje en Narvik fue muy diferente al de Bjerkvik, y fue reprimido enérgicamente por los jefes militares, hasta el punto, como explica Blond, que «un explorador de "joyerías" recibió un tiro en la cabeza».

En los días siguientes las tropas aliadas continuaron la persecución de los alemanes, que se batían en retirada hacia el este siguiendo la línea ferroviaria. Uno de los combates más sangrientos se produjo en un túnel, donde los alemanes se habían atrincherado. Esteban Molina, andaluz residente en Badalona y por aquel entonces legionario de la 2.ª Compañía del Primer Batallón, explica que los legionarios ocuparon el túnel, pero después los alemanes empujaron un vagón con dinamita equipado con un dispositivo de acción retardada con el fin de hacerlo explotar dentro del túnel, donde había numerosos legionarios. Causó diversas bajas, aunque explotó antes de entrar en el túnel, donde la matanza hubiera sido mucho mayor.

El 7 de junio los aliados se encontraban ya a 14 kilómetros de la frontera sueca, pero aquella fecha marcaba el retraso máximo aceptado

Los comandantes de la operación deciden atacar Narvik la noche del 27 al 28 de mayo.

por la jefatura aliada para abandonar Narvik, y tuvieron que replegarse para reembarcar.

La mayor parte de las tropas subieron a bordo de los barcos sin mayores problemas. Historiadores de la Legión francesa recogen esta anécdota: algunos de aquellos «feroces» legionarios españoles que se habían abierto camino lanzando bombas en medio de una carnicería humana lloraban. Y no tanto por tener que abandonar aquel territorio, sino porque habían de abandonar sus mulas. Eran los muleros, a los que los marineros ingleses impedían embarcar sus mulas porque no se podía perder tiempo y porque no había espacio en los barcos. Después de dirigir insultos y amenazas a los británicos, algunos de aquellos muleros prefirieron disparar un tiro a la cabeza de sus respectivos animales antes que abandonarlos vivos.

Caídos en la batalla

Las cifras publicadas sobre bajas españolas en la batalla de Narvik son muy dispares y, a menudo, poco rigurosas.

Guy Hermet[4] señala que murieron 900 españoles: «En el transcurso de la Segunda Guerra Mundial, cerca de seis mil (españoles) murieron en las filas del ejército francés, 900 de ellos en Narvik, y 14.000 fueron hechos prisioneros». Los datos de Narvik son absurdos, por la sencilla razón que, aunque hubiesen muerto todos los españoles que fueron a Noruega, no llegarían a esa cifra. Otros dan la cifra de 800 muertos, también errónea. Algunos exlegionarios con los que contactó el autor de este libro estiman que las bajas fueron unas 600, pero reconocen con humildad que sólo son apreciaciones. Como afirma certeramente Antonio Vilanova[5] «la legión no tuvo ni siquiera el 50% de las bajas entre muertos, heridos y desaparecidos». Vilanova, que detalla los combates en Narvik, señala que resultaron heridos 500 legionarios españoles y que murieron 250. La suma de estas dos cifras se acerca al total de los dos batallones, que no todos ellos eran españoles pese a que superaban ampliamente el 50%. Se trata pues, de cifras inconsistentes y muy alejadas de la realidad, fruto de falta de datos sólidos como de la comprensible ansiedad por magnificar los hechos. Miguel Ángel Sanz[6] coincide con esta interpretación.

Pese a las dificultades para obtener datos certeros y que las autoridades francesas no suministran datos diferenciados porque entienden que son bajas francesas —tienen razón desde un punto de vista político y militar— y no ha de importar el origen de los legionarios, podemos asegurar que todas las cifras anteriores distan mucho de la realidad. Un dato que puede dar una idea mucho más real es el de los enterrados en el cementerio de guerra francés de Narvik. La lista de nombres de cada soldado, unidad, número de matrícula y fecha de defunción de cada soldado ha sido suministrada por el Gobierno noruego a petición de exlegionarios españoles. En el cementerio hay 118 enterrados en la Operación Narvik-Bjerkvik. De estos, 75 seguros más 8 probables forman parte de la 13.ª Semibrigada de la Legión Extranjera. La lista no detalla ninguna nacionalidad. Analizando los apellidos, se deduce que unos

4. Guy Hermet, *Los españoles en Francia*, Guadiana, Madrid, 1969.

5. Antonio Vilanova, *Los olvidados. Los exiliados españoles en la Segunda Guerra Mundial*, Ruedo ibérico, París, 1969.

6. Miguel Ángel Sanz, *Luchando en tierras de Francia*, Ediciones de la Torre, Madrid, 1981, p. 37.

veinticinco son españoles. Puede haber alguno más que se hubiera inscrito en la Legión con un nombre que no pareciera español, cosa harto probable.

Admitiendo la posibilidad de que, aparte de los enterrados en Narvik, hubiera alguno más enterrado en otros lugares —por ejemplo, al menos tres españoles murieron en las islas Lofoten— y algún ahogado o herido que muriera posteriormente en algún hospital, se puede afirmar con seguridad que el número de españoles muertos en la operación no superaría los 40, y que la cifra de heridos graves podría ser el doble o algo más. Sumando muertos y heridos graves se puede hablar de una cifra de entre cien y ciento cincuenta españoles.

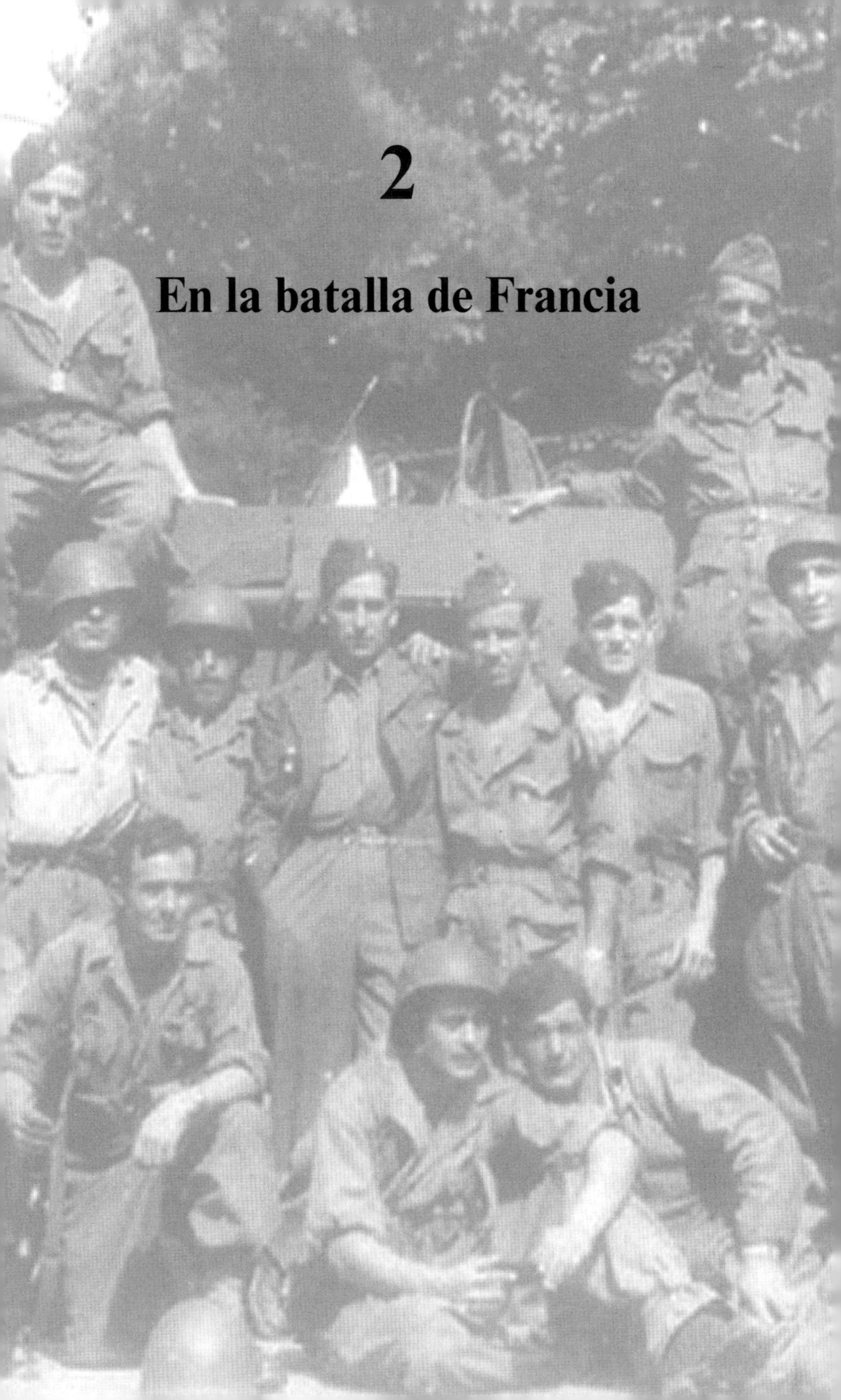

2

En la batalla de Francia

Más de 60.000 españoles se incorporaron a las unidades militarizadas del Ejército francés. La mayoría lo hicieron en las llamadas Compañías de Trabajo —el nombre oficial de las cuales era Prestataires Militaires Étrangers—, mientras que un número significativo formaba parte de la Legión Extranjera y de los llamados Regimientos (o Batallones) de Marcha de Voluntarios Extranjeros.

Las Compañías de Trabajo

Las estadísticas del exilio español en Francia son muy confusas: los censos incompletos, el carácter caótico del exilio, la declaración de la Segunda Guerra Mundial... hacen que las cifras de los propios organismos oficiales sean muy dispares. En cualquier caso, y teniendo en cuenta los que volvieron a España, los que emigraron a otros países (que al iniciarse la guerra mundial no llegaban a 20.000) y los muertos en los campos de concentración del sur de Francia —que las autoridades francesas estiman en 14.674—, Miguel Ángel Sanz calcula que al empezar la Segunda Guerra Mundial había en Francia unos 272.000 refugiados.[1] Tuñón de Lara los evalúa en «más de 252.000».[2] Diversos textos franceses señalan que, cuando se declaró la guerra entre Francia y Alemania, se aceleró

1. Miguel Ángel Sanz, *Luchando en las tierras de Francia*, Ediciones de la Torre, Madrid, 1981, p. 19.

2. Manuel Tuñón de Lara, *Los españoles en la Segunda Guerra Mundial*, vol. 2 de *El exilio español de 1939*, obra colectiva dirigida por José Luis Abellán, Taurus, Madrid, 1976.

el retorno de refugiados hacia España, y el propio gobierno de París alentó la salida hacia terceros países. Los mismos textos cuantifican en cerca de 200.000 el número de refugiados que habían de volver a España hacia diciembre de 1939. Entre estos había un alto porcentaje de mujeres y niños.

En un estudio hecho por Arthur-José Escoriguel[3] destinado al Ministerio de Defensa francés, se concluye que en los últimos meses de 1939 había 230.000 españoles que podían ser movilizados en virtud del decreto del Gobierno francés del 12 de abril de 1939, y que fueron movilizados el 23 % para las Compañías de Trabajo, es decir, unos 52.000. Esta cifra parece la más correcta.

El citado decreto fue publicado el 16 de abril en el diario oficial y se refería a los extranjeros considerados refugiados o sin nacionalidad. El artículo 3.° decía que «los extranjeros sin nacionalidad y los otros beneficiados por el derecho de asilo, de sexo masculino y de edades comprendidas entre los 20 y los 48 años», quedaban sujetos a las mismas condiciones fijadas por las leyes de reclutamiento y en una duración igual a la del servicio impuesto a los franceses. Precisaba que «el carácter y forma de ejecución de las prestaciones sería determinado por decreto».

Las primeras Compañías de Trabajo empezaron a formarse el mes de mayo de 1939, pero la verdadera estructuración empezó a finales de julio y, sobre todo, se impulsó a partir de septiembre de 1939, una vez declarada la guerra. Cada compañía disponía de 250 hombres. En total se formaron algo más de 200 compañías de trabajadores españoles.

Según los datos de Escoriguel, los más exactos en lo referente a las Compañías de Trabajo, unos 12.000 españoles de estas compañías fueron destinados a la Línea Maginot y al primer frente, y 30.000 quedaron entre la Línea Maginot y el río Loira. Un total de 32 compañías (unos 8.000 hombres) quedaron fuera de la zona de operaciones de los ejércitos.

Bastantes especialistas españoles movilizados trabajaban, por otro lado, en la industria de la guerra.

3. Arthur-José Escoriguel, *Informe sobre las unidades Prestataires Militaires Étrangers*, destinado al Ministerio de Defensa francés.

En el Ejército regular francés

Las Compañías de Trabajo eran unidades militarizadas, aunque no formaban parte de las fuerzas regulares ni, en principio, eran tropas combatientes. Si una parte de ellas se enfrentaron con las armas a los alemanes y lucharon duramente fue como consecuencia de quedar directamente implicadas cuando aquéllos rompieron el frente francés.

Además de las Compañías de Trabajo, miles de españoles se enrolaron en las unidades regulares, la mayoría en unidades de combate. Entre los exiliados y sus organizaciones, se ha difundido a lo largo de los años que unos 15.000 españoles se enrolaron el año 1939 en la Legión Extranjera francesa y son muchas las publicaciones, tanto francesas como españolas, que repiten ese número como válido. Y lo mismo sucede con la cifra de 10.000 enrolados en los Batallones de Marcha.

Miles de jóvenes exiliados que permanecían en los campos de refugiados del sur de Francia vieron en la incorporación a la Legión la única salida a la miseria que padecían. Allí dispondrían de «comida, un sueldo, ropa limpia, y mucho mundo por recorrer», les decían los oficiales franceses. Pero la cifra de 15.000 alistados es exagerada. Como también lo es la de 10.000 de los Regimientos de Marcha. La cifra real queda muy por debajo, unos 10.000 en total, distribuidos aproximadamente mitad y mitad entre la Legión y los Regimientos de Marcha. Por otra parte, no todos los

Carros españoles de la División Leclerc.

alistados, particularmente los legionarios, lucharon en la batalla de Francia. Unos centenares fueron a Noruega, una cifra mucho mayor se quedó en África y otros cuantos fueron destinados a Siria y Líbano.

Según Miguel Ángel Sanz[4] los únicos españoles que combatieron en las unidades «regulares» del Ejército francés en la batalla de Francia fueron los alistados en los Regimientos de Marcha por la Caja de Perpiñán, incorporados principalmente en los regimientos 21, 22 y 23, y algunos pocos en los 10, 13 y 15, a los que hay que añadir una parte de los 2.000 alistados en Sidi-Bel-Abbès, cuartel general de la Legión en África.

Siempre según Sanz, en el regimiento 21 había unos pocos españoles, en el 22 eran algo más del 50 % y en el 23 casi la totalidad. Calcula que estos regimientos reunían a unos 3.500 españoles que fueron al frente, cifra que tampoco no es segura porque algunos Regimientos de Marcha fueron enviados al frente sin la totalidad de sus efectivos reglamentarios. Además, unos 1.500 españoles alistados en África —Legión— fueron al frente formando parte de los regimientos 11 y 12. En total, Sanz calcula en unos 5.000 los españoles que lucharon en las unidades regulares en la batalla de Francia.

En la cifra anterior no están incluidos los de la 13.ª Semibrigada de la Legión que participaron en la batalla de Narvik.

Antonio Soriano[5] señala que el número de españoles que se alistó en la Legión fue de unos 10.000, aunque después explica que los legionarios fueron incorporados al RMVE (Regimientos de Marcha de Voluntarios Extranjeros), números 10, 11, 12, 13, 14 y 15, por lo que suma en aquella cifra tanto legionarios propiamente dichos como soldados de los citados regimientos. La cifra total —dato razonable— se aproximaría a aquellos 10.000.

Hay que aclarar que en los Regimientos de Marcha y en la Legión imperaba en tiempos de guerra el mismo régimen, con la diferencia que el alistamiento de los legionarios era por cinco años, hubiera guerra o no, mientras que los que se incorporaban a los Regimientos de Marcha

4. Miguel Ángel Sanz, *op. cit.* pp. 19-20.

5. Antonio Soriano, *Éxodos. Historia oral del exilio republicano en Francia 1939-1945*, Crítica, 1989, p. 35.

sólo lo hacían en el período de duración de la guerra. La paga era también diferente, más alta en el caso de los legionarios.

Las compañías de trabajo durante la ofensiva alemana

Tras más de ocho meses de la llamada *drôle de guerre*, una guerra declarada pero sin actividad bélica, el 10 de mayo de 1940, se inicia la ofensiva alemana sobre Francia, Holanda y Bélgica. En una acción de «guerra relámpago», 10 divisiones acorazadas y 6 motorizadas rompen el frente francés por la zona de las Ardenas y llegan al canal de la Mancha, aislando Bélgica y parte de la región norte de Francia del resto de territorio francés, cercando todo el Cuerpo Expedicionario Británico, el Ejército belga y parte del francés, que se repliegan de forma desordenada hacia Dunkerque.

El avance alemán resulta imparable. Las 148 divisiones lanzadas al ataque no superaban numéricamente a las de sus adversarios, pero la cualificación de sus mandos, la preparación militar de las tropas y su moral eran inmensamente superiores.

Hasta el inicio de la ofensiva alemana, la actividad básica de las Compañías de Trabajo formadas por españoles situadas en la zona cer-

Miles de jóvenes exiliados que permanecían en los campos de refugiados se incorporaron a la Legión y a los Regimientos de Marcha.

cana a Alemania, Luxemburgo y Bélgica consistía en cavar trincheras, colocar barreras antitanques y realizar otras actividades de soporte a las tropas ya formadas.

Cayeron prisioneros de los alemanes más del 50 % de los efectivos totales de las 65 Compañías de Trabajo españolas (las numeradas correlativamente a partir del número 20) situadas en la Línea Maginot y la zona de la Lorena. La mayoría de estas compañías combatió con armas que otros habían abandonado. «No hacía falta más que agacharse para coger armas, abandonadas en enorme cantidad por las tropas francesas», aseguraban algunos españoles.

Otras quince compañías fueron a parar a Dunkerque y otras mantuvieron combates durísimos. Las compañías 111, 112, 113, 114, 115, 116, 117 y 118 defendieron los *blockaus* 10, 11 y 12 del campo atrincherado de Dunkerque. Las 114, 117 y 118 fueron prácticamente aniquiladas y de la 112 no quedaron más que unos treinta.

Otras compañías pudieron dirigirse hacia el sur, en diversos casos huyendo a la desbandada. Algunas tuvieron que abrirse camino entre las tropas enemigas. El testimonio de varios protagonistas es clarificador: reinaba el caos más absoluto en el Ejército francés y la población civil; los miembros de las diferentes compañías a menudo se veían obligados a cambiar de ruta o volver hacia atrás porque eran sobrepasados una y otra vez por las unidades motorizadas enemigas; tuvieron que recurrir a todo tipo de transporte para huir, desde trenes blindados a bicicletas; muchos tomaron vehículos civiles o militares y algunos, para conseguirlos, tuvieron que amenazar a punta de pistola a oficiales franceses; miles de ellos caminaron durante semanas evitando poblaciones y carreteras importantes. Una imagen que se ha quedado grabada en la mente de la mayoría es la impresión y el miedo que causaba el aullido de los Stuka que bajaban en picado para bombardear.

Los exiliados españoles maldicen mucho más a los jefes militares franceses que a los alemanes en todo aquello que hace referencia a la batalla de Francia.[6] Muchos califican de «ineptos» a los militares fran-

6. Además de los testimonios recogidos por el autor de este libro, sobre este aspecto de la batalla de Francia se han publicado numerosos textos. Por su importancia y por ser algunos de los primeros en ser publicados, citamos los de Antonio Vilanova, *Los olvidados*, Ruedo ibérico, París, 1969, y Eduardo Pons Prades, *Republicanos españoles en la Segunda*

ceses y de «lamentable» su actuación, ya que no lucharon pese a no faltarles medios. Los testimonios hablan de que los únicos que lucharon fueron los ingleses, mientras que belgas y franceses se limitaban a huir. Como contrapartida destaca la falta de solidaridad de los británicos con el resto: en los puertos y playas sólo se preocupaban de salvar a sus soldados, sin interesarse por el resto, particularmente por aquellos ciudadanos que podían temer más su caída en manos de los nazis, como checos, polacos, españoles y judíos. Una personalidad que fue a Dunkerque en aquellos días trágicos fue el lehendakari vasco José Antonio Aguirre, que estaba refugiado en Bélgica. Pese a la importancia de su cargo, la buena relación de los nacionalistas vascos con los ingleses y el peligro que corría en caso de ser extraditado a España si caía en manos de los nazis, no consiguió que lo dejaran embarcar. Pudo esconderse y, mucho más tarde, huir a América por una ruta curiosa: vía Berlín y viajando al cabo de un tiempo hacia Suecia.

José Antonio Aguirre.

Combates de los regimientos de marcha

Miguel Ángel Sanz[7] detalla que los dos regimientos formados por legionarios que llegaron de África, los números 11 y 12, fueron prácticamente aniquilados. Ambos recibieron la orden —en diferentes puntos del frente— de quedarse para cubrir la retirada de otras unidades. Del 12 sólo llegaron 200 hombres a la línea de demarcación fijada por el armisticio y el 11 perdió el 80 % de sus efectivos.

Los regimientos 21 y 23 quedaron completamente diezmados y sólo unos cuantos supervivientes llegaron a la zona sur, la mayoría de ellos

Guerra Mundial, Planeta, Barcelona, 1975, así como los citados de Antonio Soriano y Miguel Ángel Sanz.

7. Miguel Ángel Sanz, *op. cit.* pp. 33 y ss.

evadidos del campo de prisioneros improvisado que montaron los alemanes en Verdún.

El regimiento 22, formado mayoritariamente por antiguos miembros de las Brigadas Internacionales y por republicanos españoles, luchó en el Somme. Destaca entre las unidades que ofreció una mayor resistencia, aunque se rindió el 6 de junio, después de haber agotado la munición. También fue mínimo el número de supervivientes.

En el campo de Mauthausen

El Ejército francés se había hundido fácilmente ante la Wehrmacht. El mariscal Petain solicitó a los alemanes el fin de las hostilidades, y el armisticio se firmó el 22 de junio, acabando las operaciones el 25.

Un millón de soldados franceses fueron internados en campos de prisioneros en Alemania. Entre ellos estaban la mayoría de supervivientes de los Regimientos de Marcha y de la Legión, así como las aproximadamente ochenta Compañías de PME más diezmadas por los alemanes. En éstas eran mayoría los españoles.

En un primer momento, los españoles fueron tratados igual que el resto de prisioneros franceses. Pero una vez pasado el tránsito inicial y la

Los deportados españoles de Mauthausen vitorean a las tropas americanas liberadoras.

clasificación e identificación como «rojos» españoles, los nazis no respetaron la Convención de Ginebra sobre prisioneros de guerra y enviaron a las Compañías de Trabajo al campo de exterminio de Mauthausen.

Por otro lado, los miembros de las Compañías de Trabajo que pudieron llegar a la zona libre o que ya estaban allí después del armisticio fueron de nuevo internados en los campos que el Gobierno de Vichy había heredado de la Tercera República.

Cifras de bajas

Miguel Ángel Sanz[8] ha cuantificado de la manera siguiente el total de bajas españolas en la batalla de Francia:

1. Compañías de Trabajo
   - Muertos: 2.250
   - Prisioneros: 10.000
   - Desaparecidos: 4.750
   - Total: 17.000

   Entre los desaparecidos se incluyen heridos, algunos muertos no identificados y muchos supervivientes que se refugiaron en las grandes ciudades en el momento de la desbandada.

2. Batallones de Marcha y Legionarios
   Se calcula que murieron más del 50 % de los miembros de estas unidades donde había españoles. Por tanto, la cifra se acerca a los 3.000 muertos.

   El total de españoles muertos en la batalla de Francia se eleva a unos 5.000. Esa cifra no incluye Narvik. La cifra de 10.000-12.000 prisioneros también la da Tuñón de Lara, cifra que Sanz considera correcta.

8. Miguel Ángel Sanz, *op. cit.* p.38.

3

Virgilio, el policía que vigiló a Spaak

«¡Corre, te llama el gobernador a su despacho!», le dijo el comisario de Girona al policía Virgilio Sánchez Velo. Este subió rápidamente desde la comisaría, situada entonces en los bajos del Gobierno Civil, al despacho del gobernador Paulino Coll Messeguer, teniente coronel de Ingenieros, uno de los muchos militares que en aquel momento, el año 1940, ocupaba un cargo político.

Sin más preámbulos, el representante del Gobierno en Girona ordena a Sánchez Velo que lo acompañe inmediatamente a la frontera de la Jonquera. En el coche el gobernador da alguna explicación más a su subordinado sobre los motivos de una salida tan precipitada: «Tenemos al gobierno belga en la frontera, en el Pertús».

Virgilio Sánchez era en aquel momento un simple agente interino de 28 años que, con motivo de la Guerra Civil, había pasado al Cuerpo de Policía procedente de los Guardias de Asalto, pero era un joven amante de la literatura del pueblo de Perales del Puerto (Cáceres) que, con gran esfuerzo de sus padres, una familia numerosa y pobre, había estudiado para secretario de ayuntamiento de segunda categoría (entre 10.000 y 100.000 habitantes), obteniendo entonces muy buenas notas, y que un día aspiraba a ser catedrático. Lo habían destinado a Girona —en las comarcas gerundenses residiría el resto de su vida— y estudiaba francés, por lo que era uno de los pocos policías de aquel lugar que podía traducir lo que dijeran los belgas.

Paulino Coll Messeguer no dio demasiadas explicaciones al policía que había de hacerle de intérprete, aunque Virgilio Sánchez recuerda una referencia fundamental. Coll Messeguer le dice: «Hay que persuadir a los miembros del Gobierno belga de que no son personas gratas en España».

Estas palabras del gobernador civil de Girona —que, obviamente había hablado con Madrid antes de dirigirse hacia la frontera— reflejan muy a las claras el criterio del Gobierno español en aquel momento de la confrontación, cuando acaba de producirse la derrota de Francia: una posición absolutamente favorable a los alemanes. Y, en consecuencia, hostil a sus adversarios, en este caso los miembros del Gobierno belga que pretendían llegar a Inglaterra para seguir luchando contra el Reich. Un hecho significativo que desconocían el gobernador civil de Girona y el policía Virgilio Sánchez es que fue precisamente en la frontera del Pertús donde el gobierno belga se reafirmó en su decisión de seguir luchando contra el Tercer Reich que había ocupado su país.

Los máximos dirigentes belgas permanecían desde hacía varios días en la parte francesa de la frontera francoespañola. En estadios superiores a los de gobernador civil tuvieron lugar conversaciones y presiones contrapuestas de alemanes e ingleses sobre el Gobierno español, con el fin de que impidiesen o autorizasen el paso por España de altos cargos belgas que se exiliaban. Y era obvio que, en aquel momento, Berlín tenía mucho más peso que Londres sobre Madrid.

Una huida dramática

Bélgica había sido ocupada fácilmente por los alemanes en la ofensiva de mayo-junio de 1940 y, como se ha explicado anteriormente, en los límites entre este país y Francia los aliados habían sufrido una gran derrota.

El rey Leopoldo, como jefe supremo del Ejército, decidió quedar prisionero en Bélgica como sus soldados. Pese a los esfuerzos que hicieron el primer ministro, el cristianodemócrata Hubert Pierlot, y el ministro de Asuntos Extranjeros y exprimer ministro socialista, Paul Henri Spaak, para que cambiase de actitud y se fuera al extranjero para seguir resistiendo al invasor como lo había hecho la reina de Holanda, el monarca tomó la decisión irrevocable de no salir del país ocupado.

Pierlot y Spaak, junto con otros dirigentes belgas, permanecieron en el sur de Francia tras la firma del armisticio franco-alemán de junio de 1940. Pretendían pasar por España, pero eran ya mediados del mes de julio y Madrid no había otorgado visados de entrada al país a los principales dirigentes belgas que estaban en Francia. A finales de

Hubert Pierlot.

aquel mes llegó a Barcelona el ministro de Hacienda belga, M. Gutt, acompañado de su secretario, M. Camus. Desde Londres se trasladó también a la Ciudad Condal el ministro de Colonias, M. Vleeschower, y ambos decidieron dirigirse a la frontera en el Pertús, para reunirse con Pierlot y Spaak y celebrar un Consejo de Ministros. Según la Constitución belga entonces vigente, un consejo podía considerarse válido desde el momento que estuvieran presentes cuatro ministros, entre los que habían de estar necesariamente el primer ministro y el titular de Asuntos Exteriores.

Con la ayuda del cónsul belga en Barcelona, Marc Jottard, y con una cierta complacencia de las autoridades de la frontera, tanto españolas como francesas, los cuatro ministros se reunieron en un despacho de la aduana, un lugar considerado tierra de nadie. Tras informar de la situación y de la dramática entrevista con el rey Leopoldo, en la reunión se acordó que Gutt y Vleeschower se instalarían en Londres, con la finalidad de iniciar actividades para mantener la lucha contra Hitler y que Pierlot y Spaak irían tan pronto como les fuera posible.

Pocos días más tarde, el embajador español en Bélgica, Eduardo Aunós, que permanecía también en el sur de Francia, les concedió un visado para cruzar el territorio español. Es aquí donde comienza la participación del gobernador civil de Girona y del policía Virgilio Sánchez, desconocedor éste —y quizá también el gobernador— de las decisiones de las más altas esferas, más allá de que «no eran gente grata en España».

Retenidos en Girona

El gobernador Coll Messeguer recibió al primer ministro y al ministro de Asuntos Exteriores belgas en la frontera. Obviamente, en condiciones normales, hubiera correspondido a una personalidad de más alto rango recibir a ambos mandatarios.

Virgilio Sánchez, traduciendo las palabras del gobernador, les dijo que se «procedería a internarlos en un lugar acorde a su rango», pero la respuesta de Spaak fue contundente: «Recuerde que soy catedrático de Derecho Internacional y sé perfectamente qué es el derecho de asilo», recuerda Sánchez.

Se decidió que irían hasta Girona y que allí serían alojados en el Hotel Italiano, inexistente en la actualidad, situado en la calle Ciutadans del barrio antiguo de Girona, frente a lo que hoy se conoce como Fontana d'Or. Los dirigentes belgas viajaban con sus familias en dos lujosos coches Packard y los acompañaban numerosos niños, la mayoría de Pierlot.

Virgilio Sánchez sería el encargado de vigilar a aquellos dos políticos y a sus familias. Los recuerda como personas muy cordiales, con quienes estableció una buena relación que iba más allá de la actitud de un vigilante. Jugaba con los niños y bromeaba con los padres. Eso sí, tenía prohibido aceptar de ellos ningún regalo, ni siquiera un cigarrillo. Pierlot era persona de pocas palabras, mientras que Spaak era más locuaz. Repetía una y otra vez que solicitaban acogerse al derecho de asilo y que su vida corría peligro si caían en manos de los alemanes.

El policía comenta: «Recuerdo que Pierlot y Spaak tenían poca libertad de movimientos, con la prohibición total de salir del hotel si no iban acompañados de la escolta, y tampoco no podían hacer llamadas telefónicas si yo no estaba presente. El primer día Pierlot me hizo una petición: él y su mujer querían asistir a misa todos los días. Lo consulté con mis superiores, que autorizaron pudiera ir, pero yo debía acompañarlos todas las mañanas a misa de 7 en la iglesia del Carme, situada frente al hotel. Las dos familias iban también algunos días a pasear por la Devesa».

Paul Henri Spaak.

«Las esposas y los niños disponían de mayor libertad de movimientos y podían alejarse, si querían, aunque en realidad apenas salían del hotel», añadía el policía.

Pese a estas limitaciones, recibieron algunas visitas —siempre ante la mirada del policía— «y era evidente que algunos de los que iban a verlos era miembros del Servicio de Inteligencia británico. Así lo comenté con algunos de los visitantes, y no lo negaron», señala Virgilio Sánchez.

Virgilio Sánchez Velo.

Camino de Barcelona

Virgilio Sánchez explica que los dos dirigentes belgas «permanecieron algunas semanas en Girona, pero un día, también sin previo aviso, mis superiores me indicaron que a la mañana siguiente viajarían hasta Barcelona y que yo debía ir en aquella comitiva.

»Vino el cónsul belga en Barcelona, Jottard, un joven muy simpático que iba siempre muy bien vestido, llevaba corbatas vistosas y se desplazaba habitualmente en moto. En el traslado a Barcelona, el cónsul encabezaba la comitiva en moto, tras él los dos coches de los políticos belgas con sus familias y al final el vehículo de la policía. Únicamente viajábamos otro agente y yo, además del chófer. Aunque aquel agente era de rango superior al mío, hablaba poco y me dejaba hacer a mí, que había estado aquellas semanas en contacto con los dirigentes belgas. La orden que nos dieron era la de ir a Barcelona lo más rápido posible sin pararnos en ningún lugar. En el camino, no obstante, el cónsul belga, con quien había establecido una buena relación, me solicitó parar para almorzar en un hotel que había junto a la carretera. Inicialmente dije que no, pero me explicó que necesitaba hacerlo por los niños. En realidad ya lo había preparado con anterioridad. Les di la autorización.

»Aquella parada provocó un cierto retraso, de modo que cuando llegamos a la Jefatura Superior de Policía de Barcelona, lugar donde los había de llevar inicialmente, unos jefes policiales me reprendieron porque hacía ya mucho rato que esperaban y yo me había saltado la orden de no pararnos. De todas maneras, el jefe superior me trató muy correctamente y me dijo que no me preocupara, que siendo tan joven había realizado un servicio muy importante.»

Virgilio Sánchez entregó a los dirigentes belgas y su documentación a las autoridades policiales barcelonesas, se despidió de las familias Pierlot y Spaak y volvió a Girona para «dar novedades» a su gobernador civil.

Del Hotel Majestic a Portugal

Tras los trámites en la Prefectura de Policía de Barcelona, los políticos belgas y sus familias se instalaron en el Hotel Majestic del paseo de Gracia, igualmente vigilados. El Gobierno español los trataba respetuosamente y no los importunaba, pero tampoco los dejaba marchar, tal y como deseaban los belgas. Madrid cedía sustancialmente a la presión alemana, que quería impedir que aquéllos se marcharan a Londres para formar un gobierno en el exilio que continuara luchando contra el Reich,

El Hotel Majestic de Barcelona.

aunque tampoco entregaba a los dirigentes belgas, tal y como pretendía el gobierno de Berlín.

Pierlot y Spaak, con sus familias, llevaban una vida monótona y tranquila. Sin alejarse del hotel, podían entrar y salir y su única distracción era ir al cine por las tardes. Eran espectadores asiduos de los cines Publi y Fantasio, cercanos al Majestic. El propio Spaak afirmaba que nunca antes había visto tantas películas como en aquella época.

La tarde del 22 de octubre, cuando ya llevaban más de dos meses en Barcelona, Pierlot y Spaak marcharon hacia Lisboa en una furgoneta americana, eludiendo la vigilancia establecida por las autoridades españolas. Desde la capital portuguesa, se fueron a Londres, donde establecieron el Gobierno belga en el exilio. Algunas unidades belgas se habían incorporado ya a las fuerzas británicas, aunque conservando su identidad.

Parece que el hecho de llevar una vida tan tranquila y de no crear problemas, relajó la vigilancia policial española, lo que aprovecharon las autoridades belgas para huir. En el informe de la policía se hace constar que en la huida intervinieron miembros de los Servicios Secretos británicos, con la participación de una mujer.

Años más tarde se comentó que la hostilidad que Spaak mantuvo siempre contra el franquismo era en buena parte consecuencia de la actitud de Madrid durante aquel período de guerra, en su paso por Cataluña.

4

En Portbou muere el filósofo Walter Benjamin

El paso por el Pirineo de todos aquellos que huían de posibles o seguras persecuciones por parte de los nazis no ocasionaría víctimas solamente en la frontera a manos de los perseguidores o por culpa del clima. A veces las tragedias vendrían más tarde. Uno de estos casos es el del filósofo marxista judío-alemán Walter Benjamin, que el 26 de septiembre de 1940 se suicidaría en Portbou.

Benjamin se había exiliado en París en 1933, cuando los nazis llegaron al poder en Alemania. La capital francesa fue su lugar de residencia hasta pocas horas antes de la entrada de las tropas alemanas en París el 11 de junio de 1940. Pudo subir a uno de los últimos trenes que partían hacia el sur, en dirección a Lourdes, donde vivía su hermana. Tras el armisticio quedó en territorio de la Francia libre, pero temía ser entregado a los nazis. El 3 de agosto de aquel año recibió un telegrama de EE.UU. en el que se le pedía que se dirigiera a Marsella, donde probablemente podría disponer de un visado norteamericano. Entre el 16 y el 20 de agosto llegó a la capital de la Provenza y consiguió visados para pasar a través de España y Portugal, aunque no el permiso de salida francés. En los acuerdos del armisticio entre Alemania y Francia, este último país estaba obligado a entregar a los emigrantes alemanes a las autoridades del Reich, y así lo cumplía el gobierno del mariscal Petain. Por este motivo Benjamin decide abandonar Francia de forma ilegal, cruzar la península Ibérica y embarcar en Lisboa hacia América.

Partió en un tren que salía de Marsella a Cervera de la Marenda, en la frontera franco-española, cerca de Portbou. Con el filósofo viajan la señora Henny Gurland y el hijo de esta, Joseph, de 17 años. Parece que salieron de Marsella el 17 de septiembre de 1940. Para evitar posibles controles en la parte francesa de la frontera, no bajaron en la última estación, sino un poco antes, en Port-Vendres, donde fueron a buscar a otra emigrante alemana, la berlinesa Lisa Fittko, que conocía la zona e hizo que cruzaran la frontera entre Banyuls de la Marenda y Portbou.

Lisa Fitkko describió cuarenta años más tarde el paso por los Pirineos,[1] que resultó penoso para la señora Gurland y para el propio Benjamin, cuya salud no era demasiado buena pese a tener sólo 48 años. Contrariamente a lo que había aparecido los últimos años en algunas referencias noveladas sobre este paso de la frontera, y que han intentado exaltar la figura del filósofo y añadir dramatismo a la situación, no hubo ninguna persecución o peligro de detención en la parte francesa de la frontera. Y menos aún aparecieron guardias fronterizos alemanes —como algunos han novelado—, por la sencilla razón que la presencia física de ocupantes alemanes uniformados y controlando la frontera de esta zona —y toda la frontera franco-española excepto un pequeño sector en Hendaya-Irún, en Euskadi— no se materializó hasta noviembre de 1942, mientras que el paso de Benjamin y sus acompañantes se produjo dos años antes, en septiembre de 1940. Tampoco fueron perseguidos por la policía española. Los únicos problemas reales de esta marcha por la montaña para cruzar la frontera fueron la fatiga y el carácter depresivo de Benjamin, que en diversas ocasiones quiso desistir de seguir adelante ante el futuro incierto que les aguardaba. Dentro de la dificultad general que

Imagen de los años treinta del siglo XX de Portbou.

1. Lisa Fitkko, *Mi travesía de los Pirineos*, Muchnik, Barcelona, 1988. Se han publicado —en libros y, parcialmente, en numerosos medios de comunicación con motivo del 50 aniversario de la muerte— las narraciones de Lisa Fitkko, Henny Gurland y Joseph Gurland. Véase también en *El País* de 20 de septiembre de 1990 el artículo «A este lado de Auschwitz. El último viaje de Walter Benjamin hasta un hotel en Portbou», de Rolf Tiedeman, editor de las obras completas de Benjamin, especialista en su obra y director del T. W. Adorno-Archiv.

representaba cruzar un puerto de montaña, la zona que atravesaban era de las más sencillas y cortas. Y el invierno aún no había llegado.

Sellar el visado

Un centenar de metros delante de Benjamin y sus acompañantes iba un grupo de mujeres que también huían de Francia siguiendo la misma ruta, una de las cuales era Grete Freund. Todos juntos llegaron a la comisaría de la policía española, situada en la estación de Portbou, con el fin de sellar el visado de tránsito que les había facilitado el consulado español en Marsella.

Eran unos momentos en los que aún las autoridades españolas no ponían demasiados obstáculos a los fugitivos para la concesión de un visado de tránsito. Sellar el visado era un puro trámite, excepto en algunos casos particulares, como los ya citados del primer ministro y el ministro de Asuntos Exteriores belgas, Pierlot y Spaak. Walter Benjamin era un destacado pensador que, además, había visitado España en diferentes ocasiones antes de la Guerra Civil, pero no era una persona popularmente conocida ni tenía relevancia desde el punto de vista político, por lo que no era previsible ningún problema. Era obvio que los guardias fronterizos no habían oído hablar nunca de él, ni tampoco estaba incluido en la lista de personas sujetas a un particular control, prueba de lo cual fue la concesión de un visado español en Marsella. Aquel día, no obstante, lo que sólo era una fórmula burocrática se convirtió en un escollo importante: una orden que acababa de llegar de Madrid prohibía el acceso de los apátridas al territorio español. La vigencia de la orden fue breve, sólo unos días, pero suficiente para desesperanzar al depresivo pensador, que puso fin a su vida.

El hecho sucedió en el Hostal Francia, más tarde conocido como Hostal Internacional. La noche del 25 de septiembre, Benjamin ingirió unas pastillas de morfina que, según escribe Arthur Koestler en su biografía, ya le había mostrado en Marsella. Benjamin entregó a la señora Gurland su última carta, dirigida al filósofo T. W. Adorno, escrita directamente en francés. En ella decía: «En una situación sin salida, no tengo otra elección que finalizar. Es en un pequeño pueblo de los Pirineos donde nadie me conoce el lugar en el que se acabará mi vida».

Joseph Gurland explica que a la mañana siguiente fue cuando supieron que el filósofo había acabado con su vida. La señora Gurland pasó el día al lado del moribundo, a quien dio la extremaunción un sacerdote católico que fue llamado precipitadamente y que acudió acompañado de unos monaguillos. También lo visitó el doctor Ramón Vila, muerto en 1944, que le recetó un medicamento que el joven Gurland fue a adquirir a una farmacia.

Hacia las diez de la noche del día 26 de septiembre, Benjamin murió a causa de una hemorragia cerebral, según la referencia que aparece en el registro de defunciones de Portbou.

No hay tumba, pero sí monumento

La señora Gurland adquirió un nicho en el cementerio local por un período de 5 años y allí fue inhumado el cuerpo de Benjamin. La tumba, la número 563, fue reutilizada por primera vez el 20 de diciembre de 1945, siendo los restos anteriores trasladados a un osario. No hay una tumba del filósofo, pero con motivo del 50 aniversario de su muerte, se erigió un monumento.

Hasta algunos años más tarde no se hizo especial énfasis en la muerte de este pensador judío marxista, a quien en las últimas décadas se le han dedicado numerosos honores póstumos, más como víctima y símbolo de la persecución nazi contra los judíos que para resaltar sus aportaciones filosóficas. Incluso en el Estado español y en Alemania los homenajes se han producido en plena crisis del pensamiento y la praxis marxista.

Paradójicamente, la muerte de Benjamin resolvió los problemas de sus acompañantes. Incomodadas y molestas por lo sucedido, las autoridades españolas fronterizas les autorizaron a continuar el viaje. Así, Henny Gurland —que contrajo matrimonio en 1944 con el filósofo Erich Fromm— pudo llevar a América el último texto de Benjamin.

Ello no significa, no obstante, que la muerte de Benjamin provocase un especial cataclismo ni preocupación entre las autoridades españolas. El policía Virgilio Sánchez Melo —destinado a la comisaría de Girona, más tarde se encargaría de recibir a los que huían de Francia en la Jefatura creada con ese propósito en Figueres y años después se convertiría

Entrada a la fundación Walter Benjamin.

en comisario en Portbou— señala que «un hecho como el suicidio de Benjamin no se puede juzgar con los parámetros de hoy en día, sino con la mentalidad y los problemas del momento en que se produjo. Eran situaciones angustiosas de miseria en España, reinaba un ambiente bélico y agresivo, con el peligro de quedar involucrados en la guerra mundial, se producían depuraciones de funcionarios, fusilamientos o encarcelaciones de gente considerada contraria al régimen, no paraban de llegar fugitivos del otro lado de los Pirineos... En el gobierno civil de Girona, donde se hallaba la Jefatura de Policía, se comentó la muerte de Benjamin, pero en aquel momento nadie le atribuyó la importancia que se le ha dado cincuenta años más tarde».

5

Bonifaci, el médico de José Díaz y del Hospital del Kremlin

17 de enero de 1939. El secretario general del Partido Comunista de España (PCE), José Díaz, cruza la frontera francesa por la zona gerundense. Lo acompaña su médico, Josep Bonifaci, especialista en aparato digestivo, y a cuyo cargo se halla el líder comunista desde abril de 1938, cuando las tropas del general Franco rompen el frente republicano en el sur del Ebro, aislando Cataluña del resto del territorio republicano.

José Díaz tiene una úlcera de estómago. Bonifaci explica que había sido operado en el año 1927 en Madrid y que le habían practicado un nuevo orificio en el estómago al que le habían conectado el intestino. Con muchos problemas, había aguantado diez años, pero en 1937, cuando pronunciaba una conferencia en Valencia, sufrió una lipotimia y le fueron detectadas nuevas complicaciones. Trasladado a París, se le practicó una estomosis a finales de 1937, deshaciendo buena parte de lo realizado en la operación anterior. También le surgieron entonces nuevos problemas derivados del derrame de jugo gástrico por el vientre.

De vuelta a París en enero de 1939, Bonifaci convocó al equipo de médicos que habían realizado la intervención a Díaz en 1937, pero tras los chequeos correspondientes se negaron a volver a operarlo. «Yo, extrañado, planteé la situación a los responsables políticos del partido, quienes decidieron que José Díaz se trasladase a la URSS», explica Bonifaci.

Como no era posible viajar en avión debido a la situación política en la Europa central, embarcaron en Le Havre en un buque soviético que zarpaba en dirección a Murmansk. «Estando ya en alta mar, explica Bonifaci, expuse al capitán del barco mi convicción que José Díaz podía morir si seguíamos la ruta hacia el Ártico. Por radio se planteó la situación a Moscú, y cuando navegábamos a la altura de Dinamarca llegó un radiograma en que se ordenaba al capitán poner rumbo a Leningrado

(San Petersburgo), en vez de ir a Murmansk, pese al hielo del Báltico. Un día, al despertarnos, nos dimos cuenta de que el barco estaba varado en un mar de hielo, si bien unas horas más tarde vimos una raya negra lejana que iba acercándose. Eran dos rompehielos, el *Druval* y el *Stalin*, que venían a recogernos.»

Muere la viuda de Lenin

Llegan a Leningrado y desde allí viajan hacia Moscú. En el hospital del Kremlin, unos quince médicos lo examinan. Cada uno de ellos expone su teoría sobre la manera de resolver los problemas de ligaduras intestinales que tiene el máximo dirigente comunista español, que le impiden los movimientos peristálticos. Finalmente lo opera el doctor Spassokukovski, una eminencia de la cirugía soviética de la época.

Tres días después de la operación de José Díaz, en la habitación contigua a la del líder español, moría Nededja Krupskaia, esposa de Lenin, que había sido una revolucionaria y directa colaboradora de su marido y directora del Consejo de Instrucción Pública de la URSS.

Bonifaci, por ser extranjero, no estaba autorizado a ejercer la medicina en la Unión Soviética, pero le dieron permiso gracias a su condición de comunista irreprochable —era miembro del PSUC y había sido direc-

Entrada al Hospital del Kremlin.

tor general de Asistencia Social durante la Guerra Civil, cuando era ministro de Trabajo el catalán Josep Moix—, y en 1940 era médico del Hospital del Kremlin. Desarrolló básicamente su labor en el sanatorio de Barbisha, cercano a Moscú y dependiente de aquel hospital. También se encargó de visitar y comprobar el estado de salud de los niños españoles trasladados a la Unión Soviética.

Antes de viajar a la URSS, Bonifaci había visitado como médico a diversos jerarcas comunistas, entre ellos al representante de la Internacional Comunista en España, Stepanov Moreno,[1] a quien detectó una llaga en el duodeno.

El pacto germano-soviético y la invasión

El doctor Bonifaci, como la totalidad de los comunistas españoles que habían ido a la URSS y la mayoría de los del resto del mundo, aceptaron de buen grado el pacto Mólotov-Ribbentrop del 23 de agosto de 1939, pese a que significaba un acuerdo que convertía en aliados a quienes habían sido enemigos hasta entonces. Todos los comunistas del mundo habían blasfemado del nazismo y habían movilizado toda la oposición posible contra Hitler, y en el caso español, además, los nazis habían ayudado a Franco, pero la capacidad de los estalinistas para darle la vuelta al asunto era inmensa, incluso con una herida tan reciente como la de España. Los comunistas partieron de la base que «si lo había hecho Stalin, debía ser bueno». El propio Bonifaci lo explica: «Teníamos el convencimiento de que, más pronto o más tarde, estallaría la guerra, y era preciso ganar tiempo porque la URSS no estaba preparada». No hace falta decir que ésta fue la versión oficial repetida más tarde.

La invasión alemana, no obstante, tardó menos de dos años. El 22 de junio de 1941, domingo, la Wehrmacht atacó la Unión Soviética. El doctor Bonifaci, junto a su mujer Elvira Antonio Deunosajut y la familia del arquitecto Luis Lacasa, escucharon por radio el discurso de Mólotov anunciando el ataque alemán. En nombre de Stalin, el ministro de Asuntos Exteriores explicó que, sin declaración de guerra ni haber presentado

1. El verdadero nombre de este revolucionario búlgaro era Stoian Minev.

ninguna reclamación, los nazis habían agredido al pueblo soviético. Informaba de destrucciones y de ciudades bombardeadas y acababa diciendo que, al igual que Napoleón, también sería derrotado el «fanfarrón Hitler». Bonifaci recuerda que «el pueblo se quedó de piedra al conocer el ataque. Y las semanas siguientes también fueron terribles, cuando diariamente los comunicados de guerra reconocían el avance alemán y la continua ruptura de las líneas soviéticas».

En la Plaza Roja

Cuando los tanques alemanes se acercaban a Moscú, la capital fue evacuada precipitadamente. El gobierno soviético se trasladó a Kuibyshev, 800 kilómetros al sudeste de Moscú, mientras que la sede de la Internacional Comunista aún fue a parar más lejos, a Ufá, capital de la República de Bashkiria,[2] tierra fronteriza de la República Autónoma Tártara.

La evacuación de Moscú fue difícil y penosa. Una enorme multitud se acumulaba en las estaciones con el fin de salir de la ciudad, provocando una gran confusión. Además, los días eran cortos y todo permanecía a oscuras por culpa de los ataques aéreos alemanes. Incluso los privilegiados altos cargos de los partidos comunistas sufrían las dificultades. Dolores Ibárruri «Pasionaria» perdió en medio del caos de la estación a sus dos hijos, que habían de salir en un tren.

El doctor Bonifaci y su esposa salieron de Moscú el 16 de octubre. Comentaba, irónico, que «acabábamos de recoger las patatas del pequeño campo que teníamos y las habíamos dejado bajo la cama. No podíamos llevarlas con nosotros por lo que lamentábamos que se las comieran los fascistas. Desde nuestra residencia en Barbisha fuimos en coche hasta Moscú. La ciudad estaba desierta. Cuando pasamos por la Plaza Roja vimos tropas que marchaban entonando canciones en catalán y en castellano.[3] Embarcamos hacia Kuibyshev en un tren donde

2. La República Autónoma Soviética de Bashkiria fue la primera república autónoma de la Federación Rusa.

3. Entre las tropas preparadas para defender la zona de la Plaza Roja y el Kremlin había una compañía de españoles, la 4.ª de una unidad del NKVD (que más tarde sería el KGB), fuerzas del Ministerio de Interior, formadas por 125 españoles. Además, en aquella

Sello en honor de la viuda de Lenin, Nededja Krupskaia.

iban miembros de la Administración, la Ópera de Moscú y el Hospital del Kremlin».

En la nueva sede del gobierno soviético, en Kuibyshev, Bonifaci se incorporó al Hospital del Kremlin como especialista del aparato digestivo. Era médico de la sección de lenguas latinas de la Internacional Comunista y como tal atendió a altos dirigentes políticos y comandantes de las fuerzas armadas. Una de las exploraciones la realizó a quien sería uno de los más famosos mariscales soviéticos, Koniev, que tenía problemas de estómago.[4]

---

zona de la Plaza Roja habían otras unidades formadas por miembros de las Brigadas Internacionales que también sabían canciones españolas de la Guerra Civil. Incluso a una gran parte del pueblo soviético le era familiar la música —que no la letra— de las canciones de los republicanos. Durante los años de la guerra española, la radio soviética las repetía constantemente. Y no se ha de olvidar que los altavoces instalados en las fábricas no cesaban de dar consignas y de poner música en consonancia con las directrices marcadas por los dirigentes.

4. Muchos expertos militares consideran a Ivan Stepanovich Koniev como el más destacado de los comandantes soviéticos de la Segunda Guerra Mundial después de Zhukov. Fue nombrado el «genio de los ríos», por su audacia en conseguir que sus tropas cruzasen los grandes ríos donde los alemanes habían establecido líneas de resistencia (sobre todo en el Dniéper), liberó gran parte de Ucrania y disputó la ocupación de Berlín a Zhukov. Si al final fue este quien conquistó la capital alemana, probablemente se deba a una decisión de Stalin, que, mediante la orden 11.074, quiso que el mérito de la victoria final fuera para Zhukov.

Con el hijo de Pasionaria

Bonifaci cuidó también al hijo de Dolores Ibárruri, Rubén Ruiz Ibárruri. Rubén, teniente del ejército soviético, había viajado al frente inmediatamente después del inicio de la invasión alemana, resultando herido en Borisov, Bielorusia. Se encontraba convaleciente en casa de su madre cuando en octubre de 1941 tuvo que huir precipitadamente hacia el este, ya que los ejércitos alemanes se hallaban a las puertas de Moscú.

El doctor Bonifaci explica que Rubén Ruiz Ibárruri estuvo internado un par de meses en el Hospital de Kuibyshev, pero después se trasladó a Moscú porque quería volver al frente: «Intentamos disuadirlo. Le expliqué que tendría tiempo suficiente para combatir, pero primero tenía que acabar de curarse porque su brazo astillado aún no había cicatrizado. No me hizo caso».

Cuando llegó a Moscú, Ruiz no halló a su división, que estaba en el frente, pero contribuyó a la organización de una nueva división, la 35.ª División de Tiradores de la Guardia, donde se convirtió en el jefe de una compañía de ametralladoras. Marcharon al frente de Stalingrado, donde fue gravemente herido en Vlasovka, muriendo el 3 de septiembre de 1942, cuando la gran batalla de la ciudad del Volga todavía estaba en sus inicios.

Monumento a Rubén Ruiz Ibárruri en Volgogrado.

Quien comunicó la muerte del joven de 22 años a su madre fue Nikita S. Kruschev, que entonces era miembro del Consejo de Guerra del frente de Stalingrado, y que también había perdido a un hijo en la guerra.

Post mortem se concedió a Rubén Ruiz el título de Héroe de la Unión Soviética. Fue el primer español que obtuvo tal distinción.

La muerte de José Díaz y la lucha por el poder

Bonifaci se había separado de José Díaz cuando aquél se quedó en el Hospital del Kremlin, mientras que el más alto cargo del comunismo español, enfermo, había sido enviado con su mujer y su hija a la capital de Georgia, un lugar de descanso con buen clima, lejos del frente y con menos penurias que otros territorios de la inmensa Unión de Repúblicas. De hecho, Díaz ya no llevaba los mandos del partido, ni tan siquiera de aquellos dirigentes y militantes que se habían ido a vivir a la URSS.

La débil salud de José Díaz le llevaría a un fatal desenlace el 21 de marzo de 1942. Los habitantes de Tbilisi comentarían que la muerte se había producido «en extrañas circunstancias». Las fuentes oficiales soviéticas y del PCE no dirían nada sobre las causas del fallecimiento del

José Díaz.

líder, pero no fue posible esconderlo con el paso del tiempo, porque corrió de boca en boca por la colonia española de Tbilisi —Tiflis—, relativamente numerosa por los refugiados que llegaban con las evacuaciones: Díaz se había suicidado lanzándose desde el balcón de su casa.

Siguen sin desvelarse los motivos que impulsaron a Díaz a poner fin a su vida. Hay muchas hipótesis: desde la depresión por la desesperanza de su enfermedad hasta la frustración por lo que había visto en la URSS o la desilusión por la previsible derrota de los soviéticos en momentos en que parecía que los alemanes iban a ganar la guerra. Con todo el respeto hacia la persona, y al margen de teorías, lo más importante desde el punto de vista político fue la lucha por el poder que se produjo en el seno del Partido Comunista de España. Y no hay que olvidar que, respecto al exilio en la Unión Soviética, el PSUC ya formaba parte de él pese a ser un partido teóricamente independiente que tenía a Rafael Vidiella como representante en la Internacional Comunista.

Las figuras clave de aquella lucha por el poder son Dolores Ibárruri y Jesús Hernández. Ella sería la ganadora, que tenía, además y de forma determinante, el apoyo de Stalin y de otros cargos soviéticos.

Bonifaci no es un protagonista de esa lucha ni tampoco un oportunista. Fue siempre un hombre cercano y amigo de Dolores Ibárruri.

En 1943, tras la batalla de Stalingrado y otras derrotas alemanas tanto en el frente soviético como en África, muchos altos cargos de las instituciones soviéticas y del Partido Comunista vuelven a Moscú y la vida de la capital recupera una cierta normalidad, siempre dentro del estado de guerra y las formas de convivencia soviética en el período estalinista.

Entre los primeros españoles que vuelven a la capital está el doctor Bonifaci, que se reincorporó a los centros hospitalarios del Kremlin en Moscú y su entorno, donde siguió ejerciendo hasta meses después de acabada la guerra mundial.

Poco tiempo más tarde, Bonifaci se trasladó a Francia. En Tolouse creó el Hospital Varsovia, por el que pasarían muchos exiliados y guerrilleros, así como algunos maquis heridos que volvían de España. Ésta, no obstante, es una historia ajena a la Segunda Guerra Mundial.

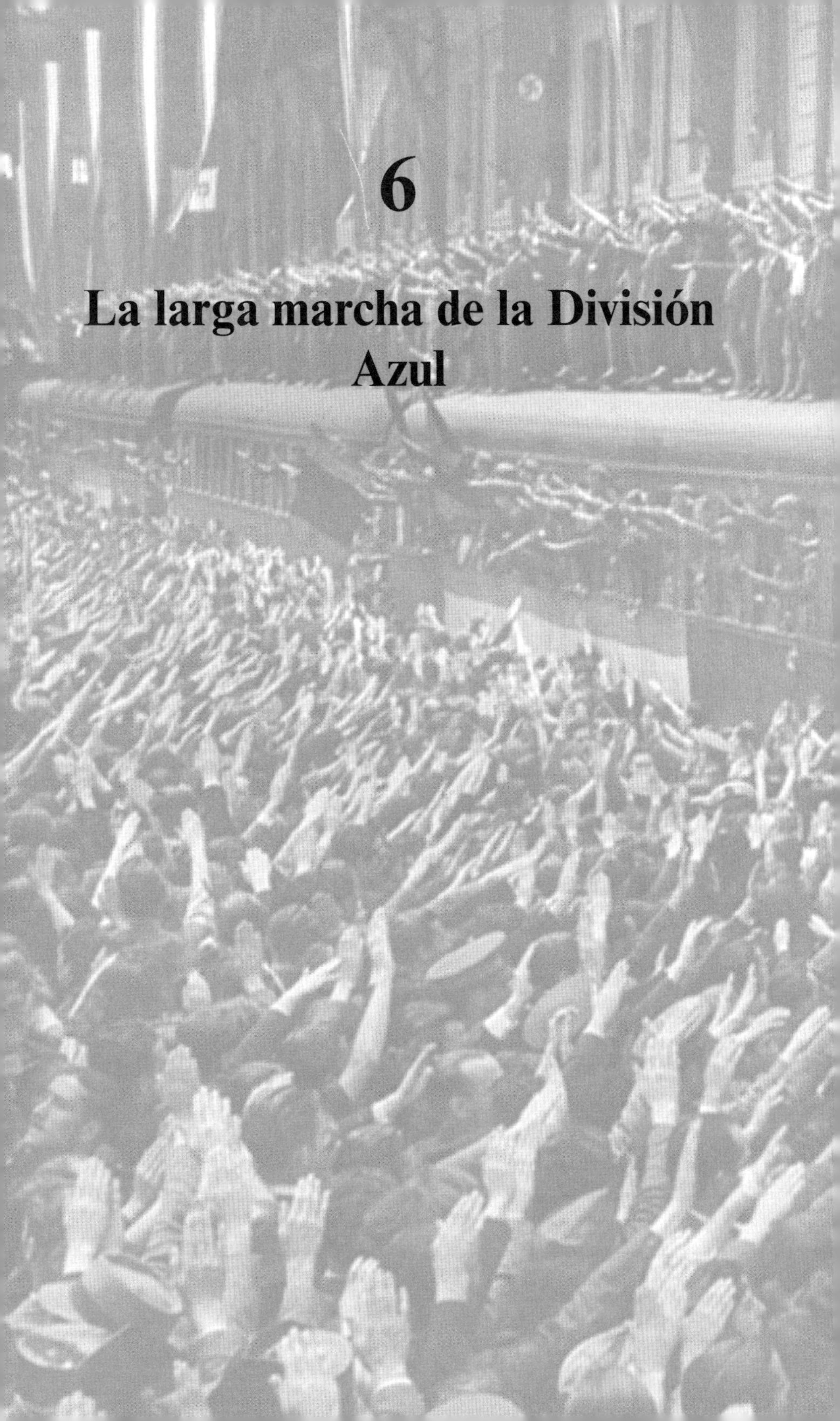

6

La larga marcha de la División Azul

La División Española de Voluntarios (DEV) —nombre oficial de la unidad que se conocería como División Azul— recibió instrucción en Grafenwöhr, en Baviera. Los mandos y los soldados estaban ansiosos por ir al frente. Los comunicados de guerra y las proyecciones cinematográficas informaban todos los días de las victorias y los avances de las tropas de Hitler por territorio soviético, y los miembros de la División no querían quedarse al margen de una guerra a la que se habían sumado con entusiasmo y en la que divisaban una victoria segura y cercana. Pese a que los alemanes querían entrenarlos mejor, el 21 de agosto, cuando tan sólo llevaban un mes de instrucción, la División Azul inició el viaje hacia Rusia, comandada por el general Agustín Muñoz Grandes.

En la estructura militar del Ejército de Tierra alemán, la unidad española era la 250 División Hipomóbil (movida por caballos). En el momento de su viaje hacia el frente, la forman 17.909 hombres, 5.610 caballos y 765 vehículos, dotación que, sumando el armamento, llena 128 trenes que se dirigen hacia el este.[1]

Sin pararse, pasan cerca de Berlín y después por Chemnitz, Mariendorf, Elstewerd, el corredor de Danzig —la chispa que encendió la guerra—, Graudenz, Augustow, Kamienna Nowa... Suwalki y Grodno. Las unidades se concentran en esta ciudad cercana a la frontera polaco-so-

1. Resulta sorprendente esta cantidad de trenes para transportar una sola división, pero con tantos caballos y forraje, cada compañía de infantería necesitaba un tren, y las baterías de artillería, diversos. Iban en vagones de mercancías, donde convivían hombres y bestias, aunque la buena organización alemana se traducía en bancos desmontables en los vagones y poder disponer de numerosas balas de paja. Los trenes llevaban tres plataformas de defensa antiaérea, situadas delante, en el centro y en la cola del convoy.

viética. A partir de aquí la DEV se pone en marcha a pie en dirección al frente, que está a centenares de kilómetros y se va desplazando hacia el este por el avance alemán. La jefatura de la Wehrmacht había adoptado el sistema que las unidades de infantería que iban a sumarse o relevar a las de primera línea —no sólo la española sino también las alemanas— marchasen a pie al frente caminando durante semanas. Era una manera de fortalecer a la tropa y completar la instrucción.

La 250 División fue destinada al Grupo de Ejércitos Centro —que dirigía el mariscal Fedor von Bock—, cuyo objetivo era la toma de Moscú.[2]

Problemas para los alemanes

La División se convierte muy pronto en una fuente de quebraderos de cabeza para los alemanes. El primero que lo percibe es el comandante Von Oertzen, jefe del llamado «Destacamento de enlace». Este destacamento alemán coordina la unidad española con el resto de la Wehrmacht, aporta servicios de traducción e informa al comandante alemán de la actuación, moral y disciplina de la DEV.

Von Oertzen pensó que estaba en otro mundo. Acostumbrado a la disciplina, la higiene y el orden de la Wehrmacht, se encontró con que la DEV era todo lo contrario. Si en cualquier unidad normal del Ejército español, la rigidez estaba muy alejada de los esquemas prusianos, el caso de la División Azul exageraba la nota: daba la impresión de ser una unidad poco cohesionada, escasamente instruida y con el aire de que cada uno hacía la guerra por su cuenta.

Ya durante el período de instrucción, los alemanes no habían conseguido que los españoles dedicasen suficiente atención al mantenimiento del armamento, ni que llevasen bien abrochadas las guerreras, ni las gorras rectas o el pelo bien cortado, o que saludasen a los oficiales. Algunos exdivisionarios explican que, cuando los soldados alemanes salían de

2. La invasión alemana de la URSS durante 1941 tenía tres líneas básicas de ataque con los siguientes objetivos: Leningrado (Grupo de Ejércitos Norte), Moscú (Grupo de Ejércitos Centro) y Kiev (Grupo de Ejércitos Sur). El más importante era Moscú.

Agustín Muñoz Grandes conversando con el personal de la Luftwaffe.

paseo, todos ellos marchaban al mismo paso y que, cuando se cruzaban con un oficial, uno de ellos se encargaba de hacer una señal casi imperceptible para que todo el grupo saludase enérgicamente y al mismo tiempo. El contraste con los españoles era absoluto: no sólo cada uno iba a su paso, sino que, cuando se acercaba un oficial, procuraban disimular haciendo ver que no lo habían visto.

Este desorden e individualismo que a los oficiales de la Wehrmacht les parecía un grave problema, se acentuó mucho más durante las semanas de marcha hacia el frente. Mientras que las formaciones alemanes mantenían el orden incluso en los descansos, los españoles hacían tertulias con los amigos o paisanos, aunque fuesen de otras unidades. Además, cogían todo aquello que podían a su paso. A diferencia de los alemanes, que no se relacionaban apenas con la población civil, los españoles no cesaban de hacerlo e intercambiaban con los campesinos tabaco, estampas o ropa por gallinas, huevos y otros víveres.

De vez en cuando robaban algunas gallinas. Antiguos divisionarios reconocen que a menudo parecían una caravana de nómadas: alguno llevaba una gallina colgada del fusil, otro había sustituido el casco por una gorra de campesino, de una carreta colgaba una palangana e incluso había alguno que llevaba consigo atada una ternera que habían comprado a los aldeanos, a veces los caballos iban sueltos...

Los profesores norteamericanos Kleinfeld y Tambs[3] describen un caso aun más patente de desorden, el de las unidades ciclistas. Cuando a un grupo le entraban ganas de correr, la columna se alargaba como un inmenso acordeón. Este espectáculo, que se repetía a menudo, lo pudo ver un general alemán que pasaba con su coche. Escriben que «aunque los soldados españoles no entendían el idioma, por su alteración y sus gestos, era obvio aquello que ordenaba. Pero los grupos, inalterables, seguían a su paso, sin ni siquiera saludar al general alemán, con la cabeza baja y pensando en su interior que aquel coche era uno más de los miles que los habían sobrepasado en los 700 kilómetros que llevaban de marcha, llenándolos de polvo y fango».

Y los nervios de los alemanes estallaban cuando los españoles llegaban a un pueblo. No solo se dispersaban corriendo tras las mujeres. La Kommandantur había prohibido taxativamente acudir a los barrios judíos. ¡Pues hacia allí iban los españoles! Y a cada nueva orden alemana, éstos respondían con nuevas provocaciones.

No era una cuestión únicamente de los soldados. Quien fue capitán de artillería en la división, y más tarde destinado a Barcelona con el grado de coronel, Antonio de Andrés, explica cómo entendían la situación: «Quizá porque entendíamos que nuestra fidelidad al Führer era solo temporal, y también por ser como Dios nos hizo, bebíamos agua de las fuentes rusas —saltándonos las prohibiciones por el peligro de enfermedades o que estuviesen envenenadas por los partisanos—, manteníamos contactos con las familias judías pese a la estrella amarilla que llevaban, confraternizábamos con la población rusa. Y falsificábamos dobles cartillas de racionamiento en los permisos».

El mando alemán estaba alarmado. Incluso el jefe de los servicios de retaguardia del Grupo de Ejércitos Centro y el OKW (Estado Mayor del Ejército) enviaron un representante para ver qué sucedía. El responsable del destacamento de enlace, comandante Von Oertzen, redactó un pliego de descargo donde acusaba a los miembros de la División de re-

3. Kleinfeld, Gerald R., Tambs, Lewis A., *La División española de Hitler*, San Martín, Madrid, 1979, p. 92.

lacionarse con los judíos, robar gallinas, amenazar a los civiles, no tener disciplina y despreocuparse del mantenimiento de caballos, armas y material.[4]

El delegado alemán tenía buena parte de razón, sobre todo en aquello que hacía referencia al cuidado del material y a la disciplina. En el curso de la marcha hacia el frente murieron unos 1.250 caballos, lo que obligó a abandonar parte del material, hecho que desesperó a los alemanes. Más tarde se organizó el Servicio Divisionario de Veterinaria, que mejoró la situación.

Informaciones sobre tales problemas llegaron a oídos de los jerarcas del gobierno alemán. Goebbels escribió en su diario que «los españoles son muy valientes, pero tienen singularidades que resultan inadmisibles: por ejemplo, no comprenden que es necesario alimentar y cuidar a los caballos».

De todos estos hechos, quejas y enfrentamientos, nada trascendía ni en la prensa española ni en la alemana. Mientras los divisionarios seguían marchando en dirección al este a un ritmo de entre 20 y 40 kilómetros diarios, el agregado de prensa de la embajada alemana en Madrid, Hans Lazar, enviaba a diarios y revistas información manipulada de la guerra en el frente en la que no faltaban las «brillantes acciones» de los nuevos cruzados españoles, cuando la realidad mostraba los pies llagados como única señal de lucha de aquellos hombres, el cuerpo destrozado por tantas horas de marcha y la garganta seca de tanto tragar polvo, y aún no habían disparado ni un solo tiro. La División caminó cerca de 1.500 kilómetros antes de llegar al frente, y los partisanos jamás atacaron más que a algún individuo o grupo aislado, nunca a las columnas de tropa.

No los quieren para atacar Moscú

La división iba destinada al IV Ejército de la Wehrmacht, con la finalidad de participar en el asalto a Moscú. Pero a la vista de los informes de los responsables del enlace alemán, el jefe de aquel Ejército, el mariscal

4. Kleinfeld, Tambs, *op. cit,* p. 80.

Concesión de las Hojas de Roble de Caballero de la Cruz por Adolf Hitler a Agustín Muñoz Grandes.

Günther von Kluge[5] se negó a aceptarlos, preguntando si eran «soldados o gitanos».[6] El desorden de los españoles hacía dudar al orgulloso Von Kluge de su eficacia militar. Entonces el mariscal Von Bock, jefe del Grupo de Ejércitos Centro, ordenó que la DEV pasara al IX Ejército, del general Strauss, cuyas tropas habían de atacar Moscú por el norte.

Antes de que la División se incorporara al nuevo destino, otros acontecimientos modificaron la situación. Hitler estaba concentrando el núcleo principal de sus tropas para asaltar Moscú —en la llamada Operación Tifón— retirando fuerzas de los Grupos de Ejércitos Sur y Norte. Contraataques soviéticos en la zona de Leningrado pusieron en dificultad a los alemanes del Grupo de Ejércitos Norte, lo que obligó a Hitler a enviar refuerzos.

La División 250 fue una de las que recibió la orden de dirigirse al frente del norte. Sus unidades se hallaban en Orsha, cerca de Smolensk,

5. Günther von Kluge fue uno de los más importantes jefes militares alemanes en la guerra. Desde diciembre de 1941 dirigió el Grupo de Ejércitos Centro, sustituyendo a Von Bock, y más tarde a otros grupos de ejércitos del frente germano-soviético. El 3 de julio de 1944, tras el desembarco de Normandía, fue nombrado comandante jefe de las tropas alemanas del frente occidental (combatiendo a los anglo-norteamericanos), sustituyendo al mariscal Karl Gerg von Rundstedt. Investigado por las SS tras el atentado contra Hitler del 20 de julio de 1944, Von Kluge se suicidó.

6. Kleinfeld, Tambs, *op. cit.* p. 92.

cuando Muñoz Grandes recibió la comunicación de Hitler: no seguirían marchando hacia el este, sino que virarían al norte. Los españoles se dan cuenta de que no desfilarán por las calles de Moscú con los «seguros» vencedores alemanes. La noticia resulta desalentadora.

El drama de los prisioneros soviéticos

A lo largo de su marcha a pie, los españoles se cruzaron con numerosas columnas de hombres que llevaban uniformes marrones. Eran centenares de miles de prisioneros soviéticos capturados por los alemanes. La mayoría de los divisionarios recuerda escenas deprimentes: iban sucios, con la ropa destrozada, algunos estaban heridos o llevaban vendas sanguinolentas en la cabeza, en un brazo o en un pie. El escritor Luis Romero, que fue divisionario, explica que «nos pedían tabaco, pan, quizá algo de compasión. Algunos les lanzaban un cigarrillo o los restos de un panecillo. Las enormes columnas iban vigiladas por algunos soldados que, en general, se veía que no los trataban bien».

Ramón Garriga formaba parte del primer grupo de periodistas extranjeros que visitaron el frente del este. Iba con un grupo de informadores suecos, suizos y un norteamericano. Explica que «el espectáculo que ofrecían las columnas de prisioneros que se cruzaban con nuestros coches era dantesco. Se trataba de sombras humanas, todos aquellos desgraciados hacía días que no recibían ningún alimento. El portavoz de la Wehrmacht nos repitió muchas veces que no era posible distribuir comida entre ellos hasta que no ingresasen en los campos de prisioneros de retaguardia; los servicios de intendencia alemanes, con muchas dificultades, podían atender tan sólo a sus propios soldados. En el coche en el que yo viajaba con dos acompañantes, un sueco y un funcionario alemán, y que cerraba la caravana periodística, pudimos ver al pasar una columna cómo un soldado alemán golpeaba a un ruso que estaba tan extenuado que no podía seguir. El funcionario que nos acompañaba hizo parar el coche y cuando se disponía a bajar, el sueco ordenó al chófer continuar, mientras le decía al alemán: "No te metas, porque el soldado no hace otra cosa que obedecer las órdenes de tu Führer". Seguimos nuestro camino y percibimos claramente un disparo y desde lejos pudimos ver cómo el ruso quedaba tendido en el suelo y el soldado alemán subía a su bicicleta para unirse al grueso de la columna. Habíamos presenciado una de aquellas escenas que nunca se olvidan, porque acabábamos de comprobar que una vida humana no tenía ningún valor desde que había estallado la lucha entre rusos y alemanes».

Un capitán de la DEV, S. G., que más tarde llegaría al grado de general,[7] explica un hecho no menos sobrecogedor: «Cuando, en nuestra marcha hacia el este, caminábamos por la autopista *Stalin*, nos cruzábamos con grandes columnas de prisioneros. Delante de cada columna iba una carreta y sobre ella una ametralladora que apuntaba a los prisioneros. Cogidos a una tabla de madera iban los primeros prisioneros y a partir de los extremos de ésta sobresalían alambres que encajonaban a los prisioneros en bloques compactos. Además, iban flanqueados por soldados alemanes o letones que golpeaban a los que se retrasaban. Los soldados españoles les lanzaban cigarrillos o trozos de pan a los prisioneros, con gran rabia de sus guardianes. De vez en cuando, algún prisionero caía agotado. En una de las ocasiones vi cómo un sargento alemán extraía una pistola y le pegaba un tiro de gracia a uno de los rusos que había caído. Me indigné mucho y le pedí explicaciones. Me dijeron que los alemanes no disponían de medios para alimentar a todos aquellos rusos que llegaban a sus campos de concentración, y que en caso contrario faltarían suministros para sus propias tropas. Añadían que tampoco podían dejar en la cuneta a aquellos que caían extenuados porque los recogerían los campesinos y, una vez recuperados, se convertirían en partisanos. Dijeron que no había otra que liquidarlos.» El oficial español acaba diciendo: «Es posible que desde una estricta óptica militar sea así, pero dudo de que ningún español se ofreciera a matar con tanta frialdad».

Llegada al frente

El 27 de septiembre de 1941 la DEV inicia su marcha hacia el norte. Una parte del viaje se realiza en tren, pasando por Vitebsk, Dno, Staraja Rusa y Novgorod. El 30 de septiembre Muñoz Grandes llega a Pskov, donde se halla el cuartel general del mariscal Wilhelm Ritter

7. A petición de este general no se da su nombre.

von Leeb, jefe del Grupo de Ejércitos Norte. El 3 de octubre Hitler pronuncia un discurso en el que por primera vez se cita a los voluntarios españoles y señala que en aquellos días toman posiciones en primera línea de fuego.

El Grupo de Ejércitos Norte de la Wehrmacht constaba de los Ejércitos XVII (comandado por el general Georg von Küchler) y XVI (del general Ernst Busch). El primero ocupa el frente de Leningrado, mientras que el segundo —en el que se incorpora la DEV— está desplegado a lo largo del río Volchov y del lago Ilmen. Los soviéticos ocupan la ribera oriental (derecha) del río mientras que alemanes y españoles ocupan el lado occidental (izquierda). La división española cubre una larga línea del frente, unos 60 kilómetros de longitud, desde la mitad norte del lago Ilmen hasta Lubkovo.

El despliegue de los españoles se inicia el 9 de octubre y dura hasta el 18. Los combates y traslados de diversas divisiones provocan en los alemanes una serie de disfunciones en el relevo de tropas que obligan a continuas improvisaciones. Los españoles se divierten, porque son los reyes de la improvisación, pero los alemanes padecen, ya que los planes no se realizan según tienen programado. Los latinos tienen la sensación de que se trata de una inesperada venganza por los reproches que habían recibido de los jefes de la Wehrmacht durante su larga marcha.

Una de las primeras unidades de la DEV que llegó al frente, el primer grupo de artillería, tuvo una docena de bajas por culpa del fuego de la artillería soviética antes de tomar posiciones.

El 12 de octubre, un despacho de la agencia alemana DNB relata: «El bautismo de fuego de los soldados de la División Azul en el frente oriental se ha registrado en el trascurso de una ofensiva en la que hemos conseguido crear una cabeza de puente». Se trata de los combates en una de las cabezas de puente del Volchov.

Relación con la población

Antes de llegar a su destino, los divisionarios vieron un espectáculo macabro, exponente del drama de aquella guerra. Ángel Ruiz Ayúcar[8] seña-

8. Ángel Ruiz Ayúcar, *La Rusia que conocí*, Ed. Del Movimiento, Madrid, 1954.

la que en medio de la plaza de Dno colgaba el cuerpo de una anciana. Cuando preguntamos qué había sucedido, tras decirnos que «es difícil, camaradas, juzgar por la primera impresión», un oficial alemán les explicó que el comandante de la población quiso dar un trato humano en la zona ocupada, teniendo en cuenta que había trabajado en la URSS en los años veinte y treinta como ingeniero y hablaba ruso. Pese a que buena parte de la población había respondido de forma positiva, los partisanos lo quisieron asesinar mediante aquella anciana, que había colocado unas minas en la carretera por donde pasaba el comandante alemán cuando se dirigía a su cuartel general. Según el oficial, la mujer había sido detenida, juzgada y colgada.

En la zona que los españoles ocupaban en aquel primer período, octubre de 1941, estaba la ciudad de Novgorod, la más antigua de las capitales rusas. Era llamada la «ciudad dorada», aunque en aquel momento era un cúmulo de ruinas calcinadas y no vivía casi nadie. Aparte de los bombardeos alemanes, siguiendo la táctica de la «tierra quemada» con el fin de que el enemigo no pudiese aprovechar nada, los soviéticos lo incendiaban todo cuando se retiraban. Lo único que se conservaba bien era el antiguo Kremlin, sus viejos palacios permanecían todavía intactos. La ciudad y toda la zona quedaron pronto cubiertas de nieve y de su inmensa capa blanca únicamente sobresalían las cúpulas doradas de la destruida catedral y las torres bizantinas de los palacios.

La relación de los divisionarios con la población rusa sería intensa y muy buena en los pueblos pequeños, donde seguía residiendo la gente. En realidad sólo había viejos, mujeres y niños, porque los hombres se hallaban al otro lado de las líneas del frente. Muchos divisionarios buscaban aventuras con las mujeres y después fanfarroneaban de sus conquistas, que casi siempre eran fruto de su imaginación.

De todas formas, en su conjunto, la relación de los españoles con la población civil fue muy humana. César Astor, de Canet lo Roig (Castellón), vinculado a Tortosa antes de la Guerra Civil y residente unos años en Barcelona tras volver de la URSS, es un testimonio de excepción. Se presentó voluntario a la División Azul con la intención de pasarse al bando soviético y lo consiguió, siendo después la persona que se hallaba al frente de los españoles antifranquistas en los campos de concentración de la URSS. Recuerda que la mayor parte de los soldados españoles eran amables y generosos con la población civil, a los que ayudaban con algunos víveres. Pone como ejemplo a un enemigo político, David Jato, un eminente falangista a quien vio dar parte de su rancho a unas niñas. Explica que, cuando se habían pasado a los soviéticos, éstos les exigían que declarasen perversidades de la División Azul y él les respondía una y otra vez que los españoles se habían portado correctamente con los paisanos rusos.

Una buena muestra de ello es que muchos civiles lloraron cuando la División fue relevada. Más aun cuando veían a los alemanes ocupar sus puestos, porque éstos no sólo no se relacionaban con los paisanos rusos sino que a menudo los trataban de forma desconsiderada y cruel, como seres inferiores.

Se ha discutido sobre el grado de eficacia militar de la División. Su disciplina y cohesión mejoraron en cuanto ocuparon sus posiciones en el frente, siempre con una cierta mentalidad latina, lejos de la rigidez prusiana. En general su actuación se considera digna y no faltaron acciones heroicas. Sin llegar a un alto grado de combatividad y eficacia como pretenden algunos apologistas, se puede asegurar que no hicieron quedar mal al Ejército español, cumpliendo con lo que se podía esperar de

David Jato junto a Dionisio Ridruejo.

Bandera de la División Azul.

una división de infantería en una guerra de dimensiones extraordinarias: nada decisiva, pero sin hacer el ridículo.

Otro punto de debate es su significado político, la influencia que tuvo como parte institucional de España en la guerra y sus consecuencias indirectas. Hay opiniones bien diversas: desde los que creen que Stalin tendría que haber declarado la guerra a España (generalmente enemigos del franquismo) hasta antiguos miembros de la DEV que consideran que la creación y actuación de ésta salvó al país de su entrada en la guerra, porque contentó mínimamente a Hitler, que no insistió en mayores exigencias.

Aunque hay muchos aspectos discutibles, para los divisionarios y para quienes han seguido la trayectoria de la 250 División, hay un hecho que es incuestionable: en la brutalidad de la guerra, los miembros de la DEV adoptaron un comportamiento humano con la población, una práctica poco frecuente en el frente del este.

7

Los combates de la División Azul en el Volchov

«Rusia es cuestión de un día para nuestra Infantería», cantaban los miembros de la División Azul cuando en verano de 1941 marchaban hacia el este de Europa para combatir el comunismo.

Muy pronto se percataron de su error. Tras la interminable marcha a pie hacia el frente, una parte importante de la División combate en la cabeza de puente del río Volchov. Serían combates muy intensos contra las fuerzas rusas, tenaces y superiores en número. Y con temperaturas glaciales. Finalmente, españoles y alemanes tuvieron que replegarse y abandonar la cabeza de puente. Los que viajaron más tarde al frente soviético en los primeros relevos de la División ya no tenían la euforia ni la pasión de los primeros.

Entre los que viajaron en primer lugar se hallaba el alférez barcelonés Jordi Mercadal, de Zapadores, que fue incorporado al Regimiento de Infantería 263.[1] Había salido de la estación del Norte de Barcelona el 7 de julio de 1941 en un tren cargado de eufóricos voluntarios que vestían pantalón caqui, camisa azul y boina roja.

El diario en manos de los soviéticos

Mercadal murió entre el 25 y el 30 de diciembre de 1941, en algún lugar del frente del río Volchov, en la provincia de Novgorod. Este dato se deduce

1. La División Azul era, como se dijo antes, la división 250 Hipomóvil de la Wehrmacht. La formaban los regimientos 262, 263 y 269. Cada regimiento tenía asignado un grupo de artillería.

por el hecho de que las últimas anotaciones del diario personal del alférez son del día de Navidad, mientras que la fecha del 30 es la de la traducción al ruso de su cuaderno. Éste se conserva en los fondos secretos del Centro Ruso de Conservación y Estudio de Documentos de la Historia Moderna.[2] Los rusos registraron el cadáver del oficial catalán y encontraron su diario, que los servicios de información tradujeron al ruso.

El diario del alférez registra un período algo inferior a un mes, entre el 27 de noviembre y el 25 de diciembre de 1941, y se inicia cuando el alférez construye un búnker del que dice «es una construcción absurda de ocho metros de longitud, dos de ancho y paredes de dos metros de altura con bancos de tierra y techo de troncos». Trabajaban durante el día y por la noche volvían a sus posiciones. «Cada mañana los rusos tenían la costumbre de dejarnos minas en la carretera, que nosotros desactivábamos (yo personalmente)», precisa.

El 1 de diciembre de 1941 escribe que «ayer los rusos dejaron en el camino octavillas escritas en español con las tonterías habituales. Algunas estaban firmadas por cuatro o cinco españoles que se habían pasado a su bando». También explica que «cada día teníamos pérdidas de entre 20 y 30 soldados en la sección Posad-Otanki (*sic*, por Otenskoe), refiriéndose al lugar donde combatían contra la 267 División soviética».

Del 2 al 5 de diciembre de 1941, Mercadal refleja en su diario que los rusos organizan una ofensiva contra Otenskoe, con bombardeos aéreos y artilleros, y señala que «descargué algunas ráfagas con mi ametralladora y vi cómo caía un ruso desde la terraza de su casa. Poco después el capitán Alba me confió un sector del frente, a la izquierda del camino, donde coloqué una ametralladora y una sección. Mantuvimos un fuego muy intenso y vimos que caían algunos rusos. Hacía mucho frío y tras disparar algunas ráfagas me vi obligado a poner la mano en el bolsillo

2. Las anotaciones del diario de Jordi Mercadal las publicó Guennadi Boriugov en *El País* el 14 de noviembre de 1993. De allí se han extraído. Es una aportación interesante y, hasta aquel momento, inédita. Es posible que algún aspecto de la traducción fuese un tanto inexacto. Además pudo existir algún tipo de manipulación de los propios servicios soviéticos, aunque parece poco probable, visto el contenido. La traducción rusa ocupa seis páginas mecanografiadas. Es evidente que los jefes de Mercadal desconocían los datos de su diario, ya que algunos podían ser útiles al enemigo en caso de caer en sus manos. Obviamente, el alférez tampoco pensó nunca que los rusos obtendrían sus anotaciones personales.

para poder volver a disparar. A la mañana siguiente contamos 24 muertos en nuestro sector. En total habían muerto 70 rusos, entre ellos un mayor, al que le pudimos extraer un plan de ataque».

El 5 de diciembre los rusos atacan Posad. «Nuestra aviación bombardea el bosque, pero en el transcurso de la noche suenan 18 alarmas aéreas. Disponíamos de una batería de 10,5 cm y ellos (los soviéticos) disponen de tres del 12,4 y algunas otras de calibre menor. No teníamos superioridad ni en armamento ni en número de hombres, ya que en Posad teníamos a 300 personas y en Otenskoe contábamos con 400, incluyendo el personal sanitario.»

«La situación se vuelve horrorosa», escribe el 8 de diciembre de 1941, «empezando por la noche. Desde que oscurece hasta la madrugada (...) las "motos" (se refiere a los aviones U-2) nos bombardean con proyectiles incendiarios y de 50 kilos con acción retardada. Hay una gran cantidad de muertos. A última hora, cuando todos los oficiales se reúnen con el comandante en su refugio, recibimos por teléfono la orden del coronel Esparza (jefe del Regimiento 269) de abandonar la posición. A las nueve en punto de la noche, retrocedemos, abandonando todas nuestras pertenencias, quitando primero el fiador de las armas. Yo voy delante limpiando el camino de minas. En el momento de nuestra salida aparece la aviación y siembra el pánico entre nuestros hombres, pero pronto restablecemos el orden. La retirada se realiza con éxito, aunque me resulta penoso ver los restos del regimiento formados por algunos soldados supervivientes que van arrastrándose.»

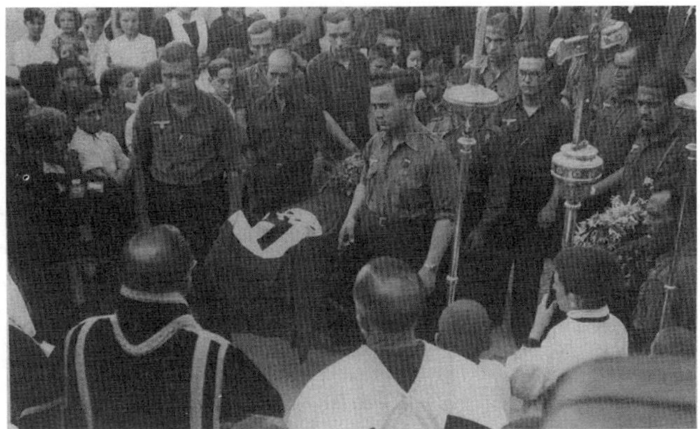

Entierro de Jesús Rojas Filoso, muerto en la batalla de Posad.

Cruza el río Volchov y escribe: «Dirijo lo que queda de la 1.ª y la 3.ª sección, que se compone de unos 50 "desechos humanos" sin principios morales ni explosivos. Dispongo de cinco ametralladoras con cinco únicas cintas (de munición)».

El 9 de diciembre los alemanes se unen a los españoles en Shevelevo. «Vamos horriblemente sucios. Hace un mes que no nos hemos cambiado de ropa interior y no nos hemos duchado. Paso todo el día bajo el fuego hasta que llega el capitán, que me envía de nuevo a Borisovo para que ocupe un sector del frente. Muy pronto nos damos cuenta de que hicimos el camino en vano. Voy con unos calcetines y unas botas destrozadas, y lleno de piojos.»

De Borisovo el alférez sigue la retirada hasta Krutik. Cuando llega, el 21 de diciembre, le ordenan que deje el material de comunicaciones a un regimiento alemán y se dirija al pueblo de Udarnik. Un capitán, de apellido Puente, le ayuda proporcionándole comida. El día 22 de diciembre es un día de largas reflexiones, propiciadas por la relativa calma que se vive en Udarnik. Mercadal inspecciona el refugio que construyen los alemanes y atraviesa algunos descampados en los que se ve expuesto a tiroteos. «Me disparan tres veces, pero apuntan mal. Mi situación es curiosa. Estoy en Udarnik, sin ayudante, sin comida, sin nada. Me dijeron que a mitad de febrero me darían el pasaporte con el fin de que pudiera ir a España a una academia militar. Veremos. Parece que la noticia ha influido en mi estado de ánimo, porque me siento más contento y en ocasiones hasta canto. Me encuentro bien porque no tengo nada que hacer y disfruto de gran libertad (...)», escribe.

No llegan a tiempo los paquetes de Navidad

El alférez anota en su diario que hay rumores de la llegada de 60.000 paquetes personales enviados desde España. «Si ello es verdad, entre mis paquetes personales y el regalo de Navidad de Franco y también de los alemanes, pasaré estupendamente las fiestas. El espíritu de combate de la División en la actualidad es contrario a los alemanes», señala el alférez, según el cual los soldados españoles son «ignorantes, despóticos y vanidosos», quizá por ello topan con los alemanes que son «exigentes, tranquilos y educados».

«A día de hoy la División es un caos, las unidades han sido derrotadas, no hay espíritu de combate, no hay munición ni confianza en los mandos.» El alférez atribuye a los jefes militares «mucho señoritismo feudal» y cree que la División «decepcionó a todo el mundo sobre sus posibilidades internacionales». «Me da vergüenza, aunque me tranquilizo pensando que no todos los españoles son salvajes.»

El 23 de diciembre las únicas alegrías son algunas gallinas requisadas y la «coñá» del capitán Puente. El 24 escribe que los rusos han sido rechazados con diversas pérdidas en un ataque nocturno. El alférez ejerce de traductor al francés para unos oficiales alemanes del batallón a los que sustituye. Comparte camastro y manta con un pastor protestante alemán que se queda a dormir con los españoles. «Desde casa se oye el bombardeo de la artillería, pero sin consecuencias», señala.

Las últimas anotaciones de Mercadal en su diario son del 25 de diciembre: «Durante todo el día de ayer y hoy artillería rusa de todos los calibres dispara con intensidad. La comida es la habitual y no ha habido regalos de Navidad». «Después de comer, cuando aún estábamos en la mesa cinco oficiales, cae muy cerca una carga del calibre 12,4, destrozando los vidrios, el reloj, el armario, mi manta, el marco de la ventana, de milagro no nos sucede nada a ninguno. Por la noche, cuando pasamos al refugio, los nuestros derrotan al regimiento ruso, que se encontraba ya en nuestras posiciones. Casi todos son hechos prisioneros. Dicen que a las 4.00 nos relevarán y la División volverá a España.»

La odisea de la División Azul en el Volchov

El diario de Mercadal lleva anotadas algunas actuaciones de la División Azul en el frente soviético y, en concreto, en la cabeza de puente del Volchov, la primera operación importante en la que participa.

El 12 de octubre de 1941, un despacho de la agencia alemana DNB señala: «El bautismo de fuego de los soldados de la División Azul en el frente oriental se ha registrado en el transcurso de una ofensiva en la que se ha tomado una cabeza de puente».

Están cerca de Novgorod, que había sido la primera capital de Rusia. Las posiciones que ocupan en un primer momento se sitúan a lo largo del lago Ilmen, entre el río Volchov y su afluente Malaja Volchov

La División Azul en marcha hacia el frente.

(Pequeño Volchov). En la margen derecha del río (zona oriental) están los soviéticos, y en la margen derecha (occidental), alemanes y españoles.

La División Azul forma parte del Grupo de Ejércitos Norte de la Wehrmacht, que dirige el mariscal Wilhelm Ritter von Leeb. En esta época inicial está adscrita al XVI Ejército, del general Ernst Busch, y en el primer momento es incorporada al Primer Cuerpo de Ejército, al frente del cual se halla el general Kuno von Both, aunque cambiaría muy pronto y quedaría bajo el mando del general Franz von Roques en un nuevo Cuerpo de Ejército.

El paso del río

Cuando llegan los españoles al frente, la Wehrmacht preparaba una ofensiva de gran alcance en el río Volchov que afectaba también el sector que ocupaban los expedicionarios españoles.

La operación tenía dos grandes objetivos. En el norte, en la zona cercana al lago Ladoga, pretendían ocupar el centro ferroviario y de producción de bauxita de Tikhvin y enlazar con los finlandeses en la zona del río Svir, con la finalidad de cortar cualquier comunicación de los soviéticos con Leningrado, incluida la del lago Ladoga.

Más al sur atacarían la zona septentrional y meridional del lago Ilmen en dirección a Borovichi —200 kilómetros más allá del frente— y seguirían avanzando después 250 kilómetros más hasta Kalinin, donde enlazarían con las fuerzas del Grupo de Ejércitos Centro que atacaban Moscú.

La División española formaría parte de las fuerzas que realizarían esta última parte de la operación.

Von Leeb, no obstante, percibe que no dispone de tropas suficientes para una operación de tanta magnitud, porque las fuerzas soviéticas que tiene enfrente son mucho más numerosas. Se decide que la acción principal será la del norte, ocupando Tikhvin, mientras que la prevista más al sur se limitará a una operación de distracción, más reducida, que enmascarará la operación principal.

El ataque alemán se inicia el 16 de octubre de 1941, aunque los españoles no pudieron atravesar aquel día el río, realizándose diversos intentos en las jornadas siguientes hasta que se consolidó una cabeza de puente. La división española ocupó varios pueblos, como Zmeisko, Russa, Sitno, Tigoda, Nikitino y Shevelevo, en algunos casos tras combates muy intensos.

El 24 de octubre el comunicado del Alto Mando alemán citaba por primera vez a la División Azul: «Al defenderse de un contraataque soviético, la división española, en el sector norte del frente oriental, ha rechazado al enemigo, causándole numerosas bajas, y capturado centenares de prisioneros». La BBC y los organismos de propaganda británicos habían difundido que la situación de los españoles era desastrosa. Al día siguiente, 25 de octubre, el comunicado de guerra soviético menciona por primera vez a la unidad española: «La división española ha conquistado Shevelevo, Sitno y Nikitino. Mantenemos en nuestro poder Otenskoe y Posad».

Los días siguientes continúan los fuertes combates. Los divisionarios consiguen establecer una cabeza de puente de una treintena de kilómetros de longitud, aunque de poca profundidad. Todos los ataques encaminados a su avance se estrellan con la resistencia de los soviéticos, que a menudo contraatacan. A partir del 2 de noviembre, especialmente, son los rusos quienes tienen la iniciativa y obligan a los españoles a mantenerse a la defensiva. Lo mismo sucede con las fuerzas alemanas de la 126.ª División, que también han cruzado el río y participan en esta operación, que no por ser secundaria respecto a la operación principal deja de ser sangrienta y dura.

Defensa numantina de Posad

Los españoles ocuparon posiciones en Posad y Otenskoe, que habían sido conquistadas por los alemanes. Allí —dice Mercadal en su diario— sufrirían fuertes ataques de los soviéticos a partir del 11 de noviembre.

Además de una gran superioridad en hombres, artillería y aviación en los combates ordinarios, los rusos realizaban acciones complementarias: pequeños grupos penetraron por las noches tras las líneas de alemanes y españoles, no sólo para cortar las comunicaciones y minar los caminos, sino que incendiaban las casas de madera que quedaban en pie. El objetivo era dejar a sus enemigos a la intemperie a muchos grados bajo cero. Los rusos no sólo tenían sus organismos mejor adaptados a las bajas temperaturas, sino que además llevaban botas y ropa de abrigo adecuados, que no tenían los del bando contrario.

Por otro lado, los aviones U-2 —biplanos, muy simples, algo más de lo que ahora sería un ultraligero y que Mercadal llamaba «motos» porque hacían el mismo ruido que aquéllas— volaban durante horas por las noches lanzando pequeñas bombas cuando apercibían un objetivo. Además de causar algunas bajas, su acción principal era que noche tras noche impedían dormir y provocaban la lógica tensión nerviosa, contribuyendo a erosionar psicológicamente al enemigo.

La defensa de Posad por parte de los españoles tiene un carácter numantino por orden de Muñoz Grandes. El nuevo jefe del Cuerpo de Ejército, general Von Chappuis —que sustituye a Von Roques— se muestra hostil con los españoles y Muñoz Grandes quiere demostrar que son capaces de resistir. Hay tensiones entre los mandos alemanes y españoles. Quizá sea casualidad, o se deducía de los interrogatorios hechos a los prisioneros, pero el 18 de noviembre de 1941 *Izvestia* divulga la sospecha que los españoles han sido abandonados a su suerte. Desde las líneas rusas y en castellano, los altavoces pretenden quebrantar la moral de los divisionarios: «Admiramos vuestra resistencia, heroica pero inútil. ¿No sabéis que estáis rodeados? Matad a vuestros oficiales y uniros a nosotros. Respetaremos vuestra graduación. En nuestra retaguardia hay magníficas ciudades, entretenimiento, diversión, ya no pasaréis más frío».[3]

3. Juan Eugenio Blanco, *Rusia no es cuestión de un día*, Madrid, 1954.

El general Franz von Roques (derecha)
y Muñoz Grandes (izquierda) en el Volchov.

Los rusos podían tener alguna información complementaria. El 16 de noviembre fue el día que los primeros desertores de la División Azul se pasaron a los rusos. Fueron Antonio Pelayo Blanco y Emilio Rodríguez. Un tercero que iba con ellos, Jesús Díez, se ahogó al cruzar el río Volchov.

En los ataques realizados más al norte, los alemanes conquistaron Tikhvin, pero el contraataque soviético los hizo retroceder y, al final, las tropas de Hitler, hubieron de volver al punto de partida. La ofensiva había fracasado. Estuvo bien planificada y realizada, pero con menos tropas y material de los necesarios, y se toparon con unas fuerzas soviéticas combativas y mucho más numerosas.

También los españoles tuvieron que evacuar el territorio que habían ocupado en la margen derecha del río Volchov. La primera operación importante realizada por la División Española de Voluntarios había resultado un fracaso. Es cierto que habían causado numerosas bajas al enemigo, más que las propias, pero habían quedado diezmados cuatro batallones de infantería (dos del Regimiento 269, uno del 263 y el batallón 250 Móvil de Reserva) y los grupos auxiliares de zapadores y artillería que habían atravesado el río.

El escritor barcelonés Luis Romero, que era soldado de artillería en la División, aunque de los que no atravesaron el río, explica: «Vi llegar a algunos supervivientes a nuestras líneas. Venían con los pies congelados envueltos en trozos de mantas, utilizando el fusil como bastón. Otros cargaban una ametralladora que les había llagado el muslo. Muchos heridos, todos ellos con barba y los ojos hinchados o febriles. Los había que arrastraban un pequeño trineo con un compañero herido o enfermo, con cajas de munición o los fusiles de los muertos. La edad de aquellos hombres estaba entre los 18 y los 30 años: parecían viejos. Me vieron llegar con la niebla, indiferentes ya al peligro y al cansancio: se dejaban caer en cualquier lugar cercano a la primera hoguera que veían encendida».

No es de extrañar que el diario del alférez Jordi Mercadal destilase un gran pesimismo en aquellos días.[4]

4. Estos combates en la cabeza de puente del Volchov, y más aun, el ataque soviético de Krasny Bor (10 de febrero de 1943), fueron los hechos más importantes en los que participó la División en la guerra germano-soviética. Hubo otros enfrentamientos muy duros —en uno de ellos fue protagonista el capitán Massip—, pero afectaron grupos menores de la División.

8

Hambre, frío y delincuencia en Asia Central y Siberia

Las estaciones de Moscú desde donde salían los trenes en dirección al este eran un caos a mediados de octubre de 1941. Las tropas alemanas habían llegado a las puertas de la capital soviética y todos aquellos ciudadanos y cargos públicos que podían dejar la ciudad sin ser acusados de traidores o desertores huían precipitadamente. Dolores Ibárruri «Pasionaria» explica su propia experiencia del día 16 de octubre de aquel año: «La estación de Kazán, a la que nos llevaron, estaba inmersa en la niebla, con grandes medidas de seguridad por los continuos ataques aéreos enemigos. Y en aquel desconcierto se movía una inmensa masa humana que, abriéndose paso como podía, trataba de alcanzar cualquier tren que los llevase lejos del invasor nazi.» Como ya se ha comentado, la líder comunista española perdió a sus dos hijos en aquella estación, que hubieron de viajar en otro tren.

En Moscú quedaron las tropas que habían de defender la ciudad, los responsables de los servicios imprescindibles y algunos de los más altos cargos, con Stalin al frente. El propio gobierno de la URSS se trasladó a Kuibyshev, a 800 kilómetros al sudeste de Moscú, y la Internacional Comunista aún fue más lejos, a Ufá, capital de la República de Bashkiria.

Pasionaria y sus hijos tuvieron problemas para marchar, pero eran unos privilegiados respecto a la mayoría de los ciudadanos, entre ellos los exiliados españoles, pese a que en honor de la verdad hay que decir que los soviéticos les dieron prioridad por encima incluso de sus propios ciudadanos, tanto en las evacuaciones como en el suministro de víveres. La líder del PCE viajaba en el tren con los altos cargos de la Internacional Comunista, los diplomáticos extranjeros acreditados en Moscú y personajes tan importantes para el comunismo estalinista como el escritor Ilya Ehrenburg. Este convoy tardó nueve días en llegar a su destino, mientras que muchos otros desplazados pasarían meses enteros viajando, bajo temperaturas glaciales y prácticamente sin alimentos. La red ferroviaria soviética en dirección a Asia y al sur no era fluida y en algunos lugares estaba destrozada por los bombardeos, aunque el obstáculo principal era que la mayoría de líneas eran de vía única y los vagones donde se agolpaban miles de civiles permanecían estacionados en vía muerta durante horas —y a menudo días e incluso semanas— para dejar pasar los trenes militares que circulaban en dirección contraria, o ser avanzados por otros convoyes con plataformas con maquinaria y trabajadores de fábricas que eran trasladados a lugares más seguros para ser reinstalados y seguir con la producción.

Los residentes de la Casa de Jóvenes de Moscú huyeron en noviembre de 1941. El responsable de la casa era un catalán, Lluís Balaguer. También estaban allí las hermanas Amelia y Aurora Gómez, que más tarde residirían en Cataluña, que explican que viajaron «en el mismo tren de pasajeros que el Soviet (ayuntamiento) de Moscú. Nos destinaron a Barnaul, en Siberia. Como hacía un frío inmenso, nos vestíamos con toda la ropa que teníamos y sólo se nos veían los ojos y la boca. Al llegar a Barnaul y liderados por el propio Balaguer, fuimos en comisión a las autoridades locales para pedir que nos trasladasen a cualquier otro lugar donde no hiciera tanto frío. Tras permanecer unas horas en la estación de Barnaul, el tren partió hacia Samarkanda. En total el viaje duró unos 40 días». En Samarkanda encontraron a un grupo de españoles que había llegado anteriormente, al frente del cual estaba Virgilio Llanos, que había sido comisario del Ejército del Este en la ofensiva republicana del frente de Aragón y más tarde comisario del 12.º Cuerpo de Ejército en la batalla del Ebro. Un catalán de apellido Roca iba con él.

A los españoles les pareció que en Samarkanda, la ciudad de «las mil y una noches» todavía podrían verse huellas de las gestas de Alejandro Magno, Gengis Khan y Marco Polo. No cesaban de sorprenderse con las peculiaridades de culturas tan diferentes. Lo mismo les sucedía a otros que fueron a parar a ciudades milenarias del Uzbekistán, como Tashkent o Kokand. Una de las cosas que más les llamó la atención eran los nudos que muchos nativos llevaban en un pañuelo que hacía las veces de cinturón. Se enteraron de que cada nudo significaba una esposa y que la poligamia era un hecho habitual en aquel territorio pese a estar prohibida.

Otros grupos de niños y civiles de la zona de Moscú no llegaron a Asia sino que los evacuaron hacia Saratov o cerca de Stalingrado, al sur de la Rusia europea, y realizaron buena parte del viaje navegando por el Volga.

Evacuaciones dramáticas

Los viajes de los primeros que llegaron a la parte más asiática de la URSS, poco después del inicio de la invasión alemana, se hicieron sin demasiados contratiempos y con retrasos poco significativos. Algunos sólo tardaron 7 o 8 días en llegar a Asia Central, cuando un viaje normal duraba unos 6 días. El problema se agudizó con la huida masiva cuando los alemanes estaban ya cerca de Moscú y otras grandes ciudades y zonas industriales. Entonces, los viajes se alargaron semanas y a menudo meses.

Muchas evacuaciones fueron dramáticas. Aureli Arcelus se hallaba en Krematorsk (Ucrania), donde trabajaba con otros españoles en la fábrica Stalina, una de las más grandes de la URSS en la producción de maquinaria. Explica que la evacuación «fue extremadamente precipitada. El director de la fábrica, un cargo más político que técnico, había viajado a Moscú a recibir instrucciones. Los alemanes se acercaban a la ciudad, pero como

Niños españoles en la URSS.

el director no volvía nadie se atrevía a tomar una decisión sobre la fábrica, la maquinaria y el personal. Por fin llegó la orden de evacuación. No quedaba ningún vagón de tren cerrado, por los que nos dejaron dos plataformas llenas de chatarra que nosotros mismos descargamos. Entonces, dirigidos por un valenciano apellidado Carrión, que era ebanista, nos pusimos todos a trabajar y a cerrar el vagón con madera que no se había secado. Partimos de Krematorsk cuando ya se podía ver el resplandor de las explosiones de los proyectiles de la artillería alemana. Pocos kilómetros más adelante, en Lozovaya, los rusos ya estaban levantando las vías».

Arcelus afirma que el viaje no fue mal los primeros días, pese a los ataques aéreos al tren, que no tuvieron graves consecuencias, pero muy pronto los cercó el frío: «Cruzamos el Volga helado a la altura de Kuibyshev, y aún recuerdo cómo la gente hacía agujeros en el hielo para pescar».

Los viajes duraban tanto tiempo porque los trenes que viajaban hacia el este cargados de civiles permanecían días enteros apartados en alguna estación, muchas veces en medio de las estepas o los bosques. Nadie daba ninguna explicación cuando se paraban ni cuando reanudaban la marcha: arrancaban en el momento más inesperado y sin previo aviso. Por otra parte, pocas veces se proporcionaba comida a los viajeros, que iban en busca de alimentos a las casas del campo. Hermenegilda Muñoz había salido de Rostov, al sur de Rusia: «Estuvimos tres meses en el tren. Sufrimos un bombardeo que impactó en algunos vagones pero que no alcanzó a ningún español. En el viaje moriría una mujer llamada Isidra. Tenía un hijo muy pequeño y en una de las paradas se fue a buscar leche para el niño. Anocheció en aquel lugar inhóspito, sin conocer el idioma ni llevar ropa de abrigo adecuada. Pensó que había perdido a su hijo y que ella misma también estaba perdida, por lo que se suicidó. Cuando fuimos a buscarla ya estaba muerta».

Aureli Arcelus explica su caso: «Cuatro de nosotros fuimos a un koljós a comprar carne y cuando volvimos a la estación el tren ya no estaba. Subimos a un tren cisterna que seguía la misma ruta y viajamos al raso por la taiga helada. Llegamos a Orsk, un pueblo en el que hacía un frío tan horrible que en invierno dividían la leche a golpe de hacha y la vendían por kilos, no por litros, y la gente la colgaba en bolsas en sus casas, Allí nos llegó un telegrama que nos decía que habíamos de dirigirnos a Tashkent.

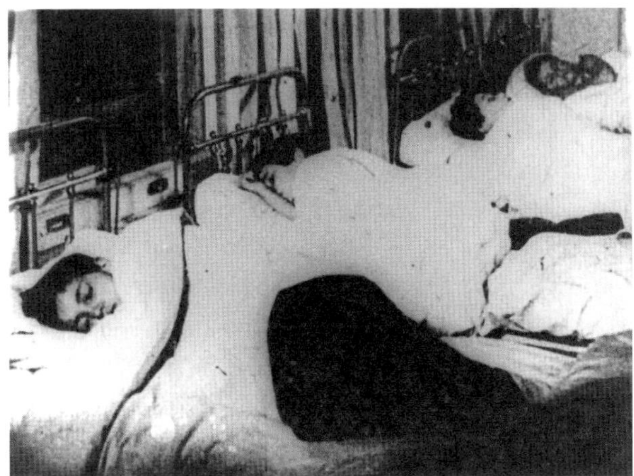

Dormitorios para niños españoles en Moscú.

»Mucha gente se perdió en aquellos larguísimos y azarosos viajes. A la mayor parte los reencontramos antes o después, algunos murieron y también hubo niños que no aparecieron hasta mucho tiempo después. Los más pequeños habían perdido su idioma y ya sólo hablaban ruso.»

Además de largas, algunas rutas fueron curiosas, como la de Joan Belloví, que había salido de Rostov: «Pasamos de la URSS a Persia. Fuimos a Teherán y desde allí viajamos hacia el Asia Central soviética. Tardamos dos meses en llegar a nuestro destino. Cuando cruzábamos la frontera para volver a entrar en la URSS vimos enormes cantidades de material de guerra que americanos y británicos enviaban a los soviéticos».

La batalla del trabajo

Además de proteger a la población civil, el traslado hacia el este se hacía para mantener e incrementar la producción de material bélico cuando buena parte del territorio europeo de la URSS caía en manos de los nazis. El pueblo soviético hizo esfuerzos enormes en la batalla del trabajo. Ningún otro país alcanzó su nivel, aunque lo hicieran de manera más organizada y eficaz. Víctor Gómez explica que en Oms y en otros lugares le impactó cómo «los trabajadores soviéticos montaban las máquinas sobre la nieve y sin techo ni protección alguna trabajaban a 50 grados bajo cero». Arcelus señala que «se sufría más en la retaguardia que en los frentes», y Agustí Arcas explica que el pueblo ruso «mostró un estoicismo y una capacidad de sacrificio y resistencia inimaginables». Algunos son testigos de casos de obreros que caían a tierra junto a sus máquinas, extenuados por las larguísimas jornadas sin descanso y la poca comida.

Muchos elogian el especial sacrificio de las mujeres: ante la ausencia de caballos, se las veía en el campo tirando del arado; otras recogían algodón en jornadas de trabajo inacabables, o no paraban de coser para el Ejército, a menudo utilizando sistemas rudimentarios o desarrollando trabajos físicamente muy pesados en los talleres mecánicos de material bélico.

Temblar sin parar

Bastantes españoles murieron por la mala alimentación y el agotamiento. Además del sufrimiento general, no tenían la resistencia de los nativos a las bajísimas temperaturas, ni conocían los trucos para protegerse. El madrileño Fernando Alcantarilla, que había sido trasladado a Kírov, junto a una parte de una fábrica de locomotoras de Kolomna, lo sintetiza de esta manera: «Nosotros trabajábamos con los guantes puestos y se nos mojaban, con lo que era peor. Los rusos hacían el trabajo sin guantes y para calentarse las manos las colocaban bajo los sobacos y hasta que no acababan no se los volvían a poner».

Ilya Ehrenburg.

Otra parte de la misma fábrica de locomotoras de Kolomna fue trasladada a Krasnoyarsk, y allí fueron a parar 25 españoles. Quedaron tan paralizados por el frío siberiano que su rendimiento laboral fue mínimo, pese a los esfuerzos. Unos meses después fueron enviados a Kokand por decisión del delegado del Comité del PCUS.

Padecer frío era común a todos los españoles exiliados durante aquellos años en la Unión Soviética, aunque una parte muy importante de los desplazados fueron al Asia Central, sobre todo a Uzbekistán, y su problema fue el inverso: el sofocante calor de aquella república vecina de Afganistán. Por ejemplo, lo sufrieron cinco mujeres españolas que trabajaban en la construcción del canal de Fergana, destinado a regadíos en la zona desértica. La educadora de niños Aurora del Valle, que allí se dedicaba a cavar igual que las otras, explica que «el calor era horrible. Para poder dormir nos tapábamos con sábanas mojadas».

Morir de hambre por las calles

El hambre y las privaciones por las que pasaron los refugiados fueron inmensas. Es unánime la información de que en la retaguardia se pasaba más hambre que en el frente.

La educadora Aurora del Valle y su grupo de niños fueron los primeros de la parte europea de la URSS que llegaron a Kokand, pero explica que «después llegó a Uzbekistán todo tipo de gente huyendo del avance alemán. El descontrol y desgobierno eran totales y la situación empeoró rápidamente. La gente moría por las calles. Muchos iban hacia el centro de Asia sin más medios que la ropa que llevaban puesta. Muchos españoles fueron víctimas de aquellas privaciones, especialmente niños. Además, el espantoso calor propiciaba la disentería. Hubo familias que perdieron varios hijos».

Un profesor de la Academia Militar Frunze, en Tashkent, Manuel Tagüeña, recuerda que bastantes cenas familiares consistían únicamente en beber agua caliente. Escribe: «Durante la guerra de España creíamos haber pasado privaciones, pero por primera vez sabíamos qué era pasar hambre y calamidades. Por ejemplo, en la familia sólo disponíamos de una cuchara. Cuando se puso enfermo mi cuñado (tuberculosis) me decidí a robar una del comedor de la Academia, escondiéndola en una bota. Todo el mundo hacía lo mismo. Por eso los cubiertos desaparecían rápidamente del comedor».[1]

1. Las citas de Manuel Tagüeña proceden de su libro de memorias *Testimonio de dos guerras*, Oasis, México, 1973. (Reeditado por Planeta, Barcelona, 1978.)

La extrema penuria convirtió en práctica habitual robar cualquier cosa que fuese posible de los centros de trabajo y después hacer intercambios.

Niños bandoleros

El hambre y la miseria, sumados a los miles de personas sin familia ni nadie que los ayudase en aquel inmenso país, extendieron la delincuencia juvenil. Bandas de jóvenes[2] expoliaban a todo el mundo. Algunos sólo lo hacían para poder comer, pero otros iban más allá y recordaban a los bandidos de Sierra Morena, que robaban para dárselo a otros. Varias chicas españolas recuerdan que algunos jóvenes conocidos que hacían de bandoleros les hacían regalos... era el botín de sus fechorías. Muchos exiliados comentaban que no se podía ir solo por las calles a determinadas horas.

La mayor parte de los delincuentes eran soviéticos, pero no faltaban jóvenes españoles. Algunos fueron los líderes de bandas de delincuentes, como «el Urraco» —que actuaba en la zona de Ufá, en la República de Bashkiria— o «el Asturias».

Estos hechos y otros similares sucedían en toda el Asia soviética. Tagüeña ha dejado escrita su experiencia: «A Tashkent llegaban miles de refugiados, legales o ilegales. La vida en la ciudad era cada día más difícil e insegura. Se oían disparos hacia el anochecer y de madrugada. Cuando nuestras mujeres salían para ir a hacer cola en los hornos de pan, encontraban cadáveres por las calles, muertos de hambre o como consecuencia de peleas entre delincuentes o con la policía. Se dio la orden de detener a los sospechosos y empezó por la ciudad una verdadera cacería. Un día vimos el deprimente espectáculo de una gran columna de "besprizormiki", adolescentes harapientos, con el odio y la desesperación en su mirada, vigilados por gran cantidad de policías».

Muchos recuerdan a jóvenes españoles que se hicieron delincuentes, pero también señalan que tras la guerra se regeneraron. Como en la

2. La mayoría tenían menos de 16 años. Pocos tenían más de 18 años si no eran prófugos, pero los mandos militares a esa edad ya no les permitían ir a la retaguardia, ya que eran movilizados.

Dolores Ibárruri.

URSS las penas por cometer actos delictivos eran rigurosas, algunos pasaron largos años en prisión. Joan Belloví Roig peregrinó mucho tiempo por los campos de concentración soviéticos por motivos políticos, y explica que, en 1953, tras la muerte de Stalin, se encontró en uno de los campos con 17 españoles, que entonces tenían más de 20 años. El campo era para condenados políticos, pero aquéllos estaban deportados por robar. Estos chicos promovieron una huelga de hambre, que duró siete días, en protesta por la mala alimentación y por no ser liberados pese a la muerte del dictador. Su acción fue secundada por el resto de internos.

La mayor parte de los españoles trasladados a Asia fueron devueltos a la parte europea de la URSS en el año 1944, cuando la situación había mejorado, porque prácticamente todo el territorio soviético estaba ya liberado y los ejércitos aliados vencían claramente a los nazis.

9

Esclavos de la Organización Todt en el Muro del Atlántico

Cuando Francia solicitó el armisticio, las Compañías de Trabajo (Prestataires Militaires Étrangers) adscritas al Ejército francés que quedaban en la Francia Libre fueron también desmilitarizadas y convertidas en Groupements (agrupaciones o grupos) de trabajadores extranjeros.

Pese a haber quedado en la Francia Libre, una parte de los miembros de aquellas agrupaciones —que ellos continuaban llamándolas Compañías de Trabajo— sería muy pronto trasladada a la Zona Ocupada para trabajar en la construcción del Muro del Atlántico. Las primeras compañías de trabajadores españoles fueron trasladadas *manu militari* en los últimos meses de 1940 y, en número mucho mayor, en la primavera de 1941. Muchos de los enviados en aquel período inicial quedaron concentrados en La Pallice, cerca de La Rochelle, donde se iba a construir una base de submarinos. No tardarían mucho en ser encuadrados en la Organización Todt.[1]

La estrategia para trasladar a las compañías a la Zona Ocupada era más o menos siempre la misma: se encargaba de la compañía un destacamento bien armado de gendarmes o de guardias móviles (GMR) y lanzaban el bulo de que se trataba de un simple traslado de lugar de trabajo. Al cruzar la Línea de Demarcación, los gendarmes entregaban a la compañía a los alemanes, daban media vuelta y volvían a la Zona Libre.

1. La Organización Todt llevaba el nombre de quien había sido ministro de Armamento del Reich, Fritz Todt, hasta su muerte en un accidente de aviación en 1942. La organización que él había creado fue la encargada de diseñar y construir fortificaciones estratégicas, como la del Muro del Atlántico, las defensas del Mediterráneo, las bases de lanzamiento de las V-1 y V-2… La mayor parte de la mano de obra utilizada la formaban trabajadores de los países ocupados, muchos de los cuales eran reclutados a la fuerza.

El criterio imperante entre las autoridades de Vichy era que, mientras los alemanes se llevasen a los extranjeros, no molestarían a los franceses.

El Muro del Atlántico

Además de construir grandes bases de submarinos, cuando desistieron de su intento de conquistar Gran Bretaña, los alemanes convirtieron toda la costa atlántica continental, y la zona del canal de la Mancha de manera particular, en una fortaleza que querían inexpugnable. Hitler lo puso así de manifiesto en su discurso del 13 de agosto de 1942: la invulnerabilidad del Atlantikwall fue uno de los recursos más habituales de la propaganda alemana.

Se preveían aproximadamente 15.000 fortificaciones, con guarniciones entre 300.000 y 350.000 hombres, respaldados por unos 150.000 soldados de la reserva.

Una parte importante de las fortificaciones fueron construidas, aunque en realidad sirvieron de bien poco cuando desembarcaron los aliados. Ni era posible cubrir con grandes instalaciones defensivas los miles de kilómetros de la costa atlántica ni los alemanes disponían de tropas suficientes. Además, las defensas fijas perdían eficacia.

Que no toda la costa estuviera bien defendida no significa que no hubiesen zonas con fortificaciones imponentes y casi inexpugnables, como lo demuestra el hecho de que hasta el final de la guerra resistieron en manos de los alemanes las bolsas del litoral atlántico en Lorient, Saint Nazaire, La Rochelle, Royan, Pointe de Grave, Le Verdon y Dunkerque, además de las islas anglonormandas.

Los primeros enfrentamientos

Durante bastante tiempo, en el Muro del Atlántico y otras instalaciones se repetía cada mañana la misma escena: hacían formar a los trabajadores y un oficial alemán los arengaba. Un intérprete lo traducía al español y solicitaba un trabajo intenso a favor del esfuerzo de guerra «europeo», asegurando que los alemanes eran los auténticos amigos de los refugiados españoles. A menudo, sacaban a relucir lo valerosamente que habían

Los alemanes pretendían construir 15.000 fortificaciones a lo largo de la costa atlántica.

luchado en la Guerra Civil, pero que sus dirigentes los habían engañado y abandonado, y les recordaban el trato de los franceses en los campos de concentración cuando iniciaron el exilio. La arenga acababa en amenazas a todos aquellos que hiciesen sabotajes, y que el grupo entero sería castigado si no se denunciaba a los responsables.

Uno de los primeros enfrentamientos serios se produjo en La Pallice, con un equipo que descargaba arena y grava. El jefe alemán, exasperado por la lentitud del trabajo, golpeó violentamente a un obrero. Y éste le devolvió el golpe. El alemán desenfundó la pistola, pero ante la actitud de los otros trabajadores que lo amenazaban con sus picos y palas, se fue sin disparar.

El segundo hecho tuvo lugar en el turno de noche de la hormigonera y fue aun peor. Hicieron caer a la fosa y sepultaron con hormigón a un jefe alemán conocido por su brutalidad. Nunca se supo de él.

En su libro *Pasión y muerte de los españoles en Francia*[2] Federica Monseny escribe: «La Muralla del Atlántico es, para todos aquellos que trabajaron, un recuerdo horrible. Miles de hombres murieron en su cons-

2. Federica Montseny, *Pasión y muerte de los españoles en Francia*, Espoir, Toulouse, 1969.

trucción. Muchos fueron asesinados de un tiro en la nuca por los alemanes, al ser sorprendidos en un acto de sabotaje. Sus cuerpos restan inmovilizados y confundidos con el cemento, en los grandes bloques de La Rochelle, de Brest y de las costas de Bretaña y Normandía, teatro, poco después, de tremendos combates. (Muchos otros murieron bajo las bombas de la aviación aliada.) Y no sólo había españoles. Los había de muchas nacionalidades: polacos, franceses, italianos y muchos vietnamitas. La española quizá fue la colectividad nacional que más hombres perdió en tareas de sabotaje secreto. Y se perdieron menos hombres gracias a la peculiar astucia e inteligencia puestas en práctica, propias de la picaresca española y de nuestro carácter bromista y sereno».

Además de ralentizar el trabajo, los sabotajes consistían en cortar la electricidad en pleno trabajo, deteriorar máquinas, abrir sacos de cemento para que se estropease con la humedad…

Muchos españoles trasladados más o menos a la fuerza por los alemanes trabajaban en Nantes, Saint Nazaire, Lorient y Brest, así como en las islas de Jersey y Guernsey. En Nantes, los grupos españoles de sabotaje empezaron a actual en diciembre de 1940. Según Miguel Ángel Sanz,[3] «después de una investigación sumaria, la Gestapo fusiló en Nantes, el 13 de febrero de 1941, a cinco refugiados españoles y 60 fueron deportados a los campos de Alemania».

TARJETA DE IDENTIDAD DE
SUBOFICIAL
DE LAS FUERZAS ARMADAS
DE LA II REPUBLICA ESPAÑOLA

D. JORGE
PEREZ
TROYA
D.N.I.: 50.304.975

Acogido a la Ley 37/1984, de 22 de octubre, con el empleo y categoría consignados en el acuerdo de 16-02-1986 de la Dirección General de Gastos de Personal y, en su caso, en sus modificaciones posteriores.

Tarjeta de identidad de Jorge Pérez-Troya.

Sanz añade que el verdadero infierno era la base de Brest. Jorge Pérez-Troya vivió la primera época de su construcción. Estaba en Elna, formando parte del 211.º Grupo de Trabajadores, y llegó en una caravana custodiada por gendarmes y algunos alemanes vestidos de paisano. Fueron llevados a Brest, instalados en un campo cercado por alambre y torres de vigilancia con ametralladoras, e iban a trabajar a los campos vigilados por guardias alemanes con sus perros de presa.

3. Miguel Ángel Sanz, *Luchando en tierras de Francia*, Ediciones de la Torre, Madrid, 1981, p. 87.

Batería en el Muro del Atlántico.

Tras señalar que los miembros de la Todt se comportaban con la misma crueldad que los SS, Pérez-Troya afirma: «Trabajábamos en andamios a una altura de vértigo sobre el mar y abríamos túneles bajo el agua con máquinas y cargas de dinamita, que la mayoría de españoles no sabía manejar. La aviación inglesa bombardeaba a menudo aquellos objetivos estratégicos. Atolondrados por el ensordecedor ruido de las explosiones, sentíamos una mezcla de dicha y miedo entre el ir y venir de las ambulancias que trasladaban a los heridos y los muertos. Velilla, antiguo comisario y dirigente de la JSU, hombre de gran prestigio entre los jóvenes, fue uno de los numerosos muertos españoles».

Servicio de trabajo obligatorio (STO)

Alemania necesitaba cada vez más mano de obra para su industria bélica y exigía a los países ocupados el envío de nuevos contingentes de trabajadores. Además del Muro del Atlántico, que recordaba las situaciones más dramáticas, las autoridades de Vichy desplazaban también a españoles y otros extranjeros a Alemania para cubrir las cuotas exigidas por los nazis. Así pensaban que podrían reducir el número de franceses trasladados de manera forzosa.

El lehendakari vasco José Antonio Aguirre en el Muro del Atlántico.

El 20 de noviembre de 1941, la prensa francesa comenta con un gran despliegue la salida del voluntario francés número 100.000 que marchaba a trabajar a Alemania. El «agraciado» recibe de manos del doctor Michel, jefe de los servicios económicos alemanes de la zona ocupada, un reloj de oro y una maleta de cuero.

En la primavera de 1942, F. Sauckel, que acaba de ser nombrado ministro plenipotenciario de la mano de obra de los territorios ocupados (Bélgica, Holanda y Francia), reclama 250.000 obreros, de los cuales 150.000 han de ser especializados. El jefe del Gobierno de Vichy, Pierre Laval, para sensibilizar a la opinión pública, anuncia que los obreros franceses irán a relevar voluntariamente a los prisioneros de guerra a razón de tres voluntarios por cada prisionero liberado. Pese a la campaña de prensa y radio, el «relevo» será un fracaso: 17.000 voluntarios en vez de los 250.000 reclamados.

Fritz Sauckel.

A la vista de las peticiones anteriores, el 4 de septiembre de 1942 se promulga una ley que moviliza a los hombres de entre 18 y 50 años y las mujeres solteras de entre 20 y 35 años «para que realicen todos los trabajos que el gobierno considere de utilidad». Ello supone someter a la población al trabajo obligatorio. El resultado fue que, hasta diciembre, el reclutamiento se elevó a 240.000 trabajadores, 137.000 de los cuales eran especializados.

El 16 de febrero de 1943, Sauckel reclama un nuevo contingente de mano de obra, y amplía el Servicio de Trabajo Obligatorio (STO). Fueron enviados a Alemania 440.000 trabajadores. Como escribe Antonio Soriano,[4] Sauckel comentaba que, de los países ocupados, sólo Francia había cumplido su contrato al cien por cien.

Brazalete de la Organización Todt.

En enero de 1944 Sauckel reclama un millón de trabajadores, pero entonces sólo pudo reunir entre 36.000 y 50.000, por lo que fue un fracaso.

En total, la mano de obra requisada por los alemanes en Francia fue entre 632.000 y 645.000 hombres.

Un refuerzo para la resistencia

Conforme avanzaba la guerra, en Francia se produjo un cambio sustancial. En la primera época la opinión pública se doblegaba pasivamente ante los abusos de los alemanes, pero después la gente buscaba salidas para desobedecer. Las fórmulas fueron básicamente las siguientes: a) esconderse sin documentación en Francia, los llamados «refractarios»; b) incorporarse al maquis; c) evadirse al norte de África para alistarse en las fuerzas gaullistas; d) buscar trabajo en las industrias que en Francia trabajaban para los alemanes. Otras salidas eran trabajar como campesino, minero, policía o ferroviario o conseguir un certificado médico de enfermedad. Algunos pasaron a España para vivir en la zona pirenaica.

4. Antonio Soriano, *Éxodos. Historia oral del exilio republicano en Francia*, 1939-1945, Crítica, Barcelona, 1989, p. 43.

Soriano reproduce un texto de Roland Trempé del libro *La Libération dans le Midi de la France* donde dice que «para cubrir las necesidades de la recluta del STO y de la Organización Todt, los prefectos recurrían sin tapujos a tomar la mano de obra de los GTE (Groupements de Travailleurs Étrangers) y así satisfacer la demanda de los alemanes y cubrir las deserciones de los franceses.

»En el Ariege, por ejemplo, André Laurens demuestra que, entre marzo de 1943 y febrero de 1944, salieron de este departamento nueve convoyes de españoles con 704 obreros designados por el prefecto. Los que consiguieron escapar fueron reemplazados por detenidos sacados sin ningún motivo del campo de Le Vernet y vigilados por gendarmes hasta Toulouse, su punto de partida.»

El Servicio de Trabajo Obligatorio y el traslado a Alemania son hechos sustanciales para entender el auge de la Resistencia.

10

Comandos hacia Creta y Egipto

Un grupo de unos setenta españoles formaron parte de los comandos británicos que actuaron en la zona de Oriente Medio y en el Mediterráneo oriental.

Salidos de España cuando el desplome republicano en Cataluña a principios de 1939, formaron parte en un primer momento de los Regimientos de Marcha de las fuerzas francesas del campo de refugiados de Le Barcarès. Unos centenares de españoles, entre los que había unos cuantos judíos considerados apátridas, formaron parte del 11.º Batallón de marcha, más adelante llamado de Ultramar. Habían de ser enviados a Narvik, como algunos de sus compañeros, pero en vez de ir a los hielos del Ártico, los trasladaron a lugares más tórridos: a lo que en lenguaje colonial francés llamaban la Syrie o el levante francés, las actuales Siria y Líbano.

De la misma manera que las tropas enviadas a Noruega se prepararon inicialmente para ayudar a Finlandia frente a la URSS, las trasladadas a Oriente Medio en abril de 1940 iban en previsión de una guerra general de los aliados francobritánicos contra los soviéticos, a los que podían atacar en las zonas del Cáucaso y de Asia Central.

Cuando el 11.º Batallón llegó a Beirut en abril de 1940, los finlandeses ya habían pedido el armisticio a Moscú, y pese a no ser una unidad formada por legionarios sino por soldados que se habían alistado durante el período de duración de la guerra, aquel Batallón de Ultramar fue incorporado al 6.º Regimiento de la Legión Extranjera, con guarnición en Baalbek, situada en el valle de la Beqaa, que unas décadas más tarde se haría famosa por las luchas entre palestinos, israelíes, sirios y libaneses.

Unas semanas más tarde, en junio de 1940, se produjo la derrota de Francia. Un andaluz residente en Barcelona, Luis Bracero, miembro de esta unidad, recuerda que el día del armisticio franco-alemán se encontraban de maniobras, y cuando llegaron al cuartel, tras una larguísima marcha, sus mandos les propusieron seguir la lucha en la Francia Libre viajando hasta Palestina, entonces protectorado británico. Para convencer a posibles indecisos, insinuaron que si los alemanes desembarcaban en Siria, no serían benévolos con los exiliados españoles. Cuando pidieron voluntarios para seguirlos, ni un solo español quiso quedarse atrás.

Hicieron rápidamente los preparativos para partir hacia Palestina, pero la salida se iba retrasando. Tras un par de días les dijeron que no iría ninguna comisión alemana a Siria por lo que la marcha a Palestina quedaba suspendida. Aunque los soldados lo ignoraban, en las cláusulas del armisticio franco-alemán se preveía que las colonias francesas no cambiasen de estatus. El general Dentz, comisario de Francia en Oriente Medio, decidió mantenerse fiel al Gobierno de Vichy.

Huida hacia Palestina

La conspiración no se consumó, pero puso en evidencia a los españoles, que se habían ofrecido en bloque para unirse a los ingleses y a De Gaulle. En esta coyuntura, muchos decidieron partir hacia Palestina por su cuenta, desertando de las fuerzas francesas. Uno de ellos fue el valenciano Enric Marco Nadal, que más tarde sería secretario general de la CNT, quien después de dejar el casco, el correaje y el fusil a la vista de todo el mundo, partió en dirección al sur siguiendo la sierra del Antilíbano. Posteriormente se le uniría el comunista toledano Teófilo del Valle, pero fueron detenidos por miembros de la gendarmería el tercer día de su huída. A muchos otros les sucedió lo mismo, ya que marcharon de la manera más inesperada. La mayoría había partido en dirección a Palestina, pero también los hubo que viajaron hacia el este y hacia el norte, con la intención de llegar a Irán o Irak, incluso hacia la lejana Unión Soviética. Pese a ello, unos setenta españoles consiguieron llegar a Palestina.

Oficiales ingleses en aquella zona explican que se sintieron sorprendidos por la llegada súbita de «ejércitos libres» que huían de la zona controlada por la Francia de Vichy. Llegaron polacos, checos, griegos, yugoslavos, franceses, *spahis* norteafricanos, etc., aunque de ninguna manera se les ocurrió a los ingleses que podían haber españoles en Siria-

Muchos españoles, tras el desplome republicano en Cataluña a principios de 1939, formaron parte de los Regimientos de Marcha de las fuerzas francesas del campo de refugiados de Le Barcarès.

Líbano, aparte de que los identificaban como ciudadanos de un estado no beligerante con un gobierno filofascista.

Peter Selerie, que se hallaba en el depósito del Middle East Comando[1] fue su primer intérprete, ya que hablaba algo de castellano. Explica que «inicialmente, el mando británico cometió el error de alistar españoles en el Cuerpo de Pioneros,[2] lo que les ofendió, porque su intención era luchar. Gracias a sus protestas fueron incorporados a los comandos acabados de constituir». Unos días más tarde llegaron otros dos intérpretes que conocían mejor el idioma, un sargento mayor de una división neozelandesa, que había participado en la Guerra Civil española y un cabo uruguayo, hijo de ingleses.

Fueron incorporados al 50.° Comando del Oriente Medio, que dirigía el teniente coronel George A. D. Young. El segundo en el mando era el mayor Stephen M. Rose y el mando directo de los españoles era el ca-

1. A finales de los años ochenta, Selerie era secretario honorario de la Royal British Legion.

2. El Cuerpo de Pioneros era auxiliar. Sus miembros realizaban tareas como el suministro de munición a las unidades de combate, construir fortificaciones y caminos, vigilar depósitos y polvorines, transporte de material… Tenían una formación parcialmente coincidente con la de los zapadores, pero a diferencia de éstos, no solían actuar en primera línea.

pitán canadiense Robert L. McGibbon. Young explica que muchos expresaron su rechazo a volver a las fuerzas francesas y por ello no fue posible incorporarlos a las unidades de la Francia Libre que se estaban formando y pidieron incorporarse a las tropas británicas. Se formó una compañía con los 70 españoles, que fue completada con unos 50 británicos. Los españoles de mayor graduación se incorporaron como suboficiales.

Selerie recuerda que la mayor parte de los que habían llegado tenían entre 20 y 25 años, pero había un par mucho más mayores, de unos 50 años. Dice que «el más maduro de los suboficiales era el sargento Trancho. Era catalán, futbolista brillante que había jugado en equipos destacados. Tenía buena voz y, cuando nos reuníamos en el desierto junto al fuego del campamento, cantaba *La Paloma* y otras canciones catalanas y castellanas. Los soldados ingleses lo escuchaban admirados, aunque no entendían ni una palabra».

Silenciosos como pieles rojas, escandalosos como micos

McGibbon, el capitán canadiense de la compañía, que hablaba francés pero no castellano, señalaba que le había costado mucho instruir a aquellos españoles, que el mando británico consideraba un tanto «salvajes». Explica que «inicialmente, a nuestros soldados británicos no les caían muy simpáticos los españoles». En la oscuridad, no hacían el más mínimo ruido, mientras que las fuerzas británicas eran ruidosas y resultaban, una y otra vez, «capturadas por las silenciosas patrullas españolas». Y Selerie, por su lado, recuerda: «En los entrenamientos y en las maniobras se puso de manifiesto que los españoles eran guerrilleros natos. De noche se movían en silencio como los pieles rojas. A menudo los utilizábamos para demostrar el alto nivel que requerían los comandos que debían actuar en la oscuridad».

Los mandos directos británicos de estos españoles los consideraban los comandos y los soldados ideales: nunca se quejaban de las condiciones de vida, eran físicamente fuertes y resistentes, siempre dispuestos a aprender nuevas técnicas y el funcionamiento de las armas, se sentían muy contentos de formar parte del Ejército británico. Y tenían la seguridad de conseguir la nacionalidad británica, cosa que los reconfortaba ante la imposibilidad de volver a su país. También se sentían felices por

Muchos españoles de los campos de refugiados estuvieron en Creta y Egipto.

ser miembros del Queen's Royal Regiment.[3] El capitán McGibbon añade que le resultaba muy difícil sancionar a algún español, porque los otros se solidarizaban con él y lo protegían. Los mandos superiores no se mostraban tan satisfechos y decían que entre los españoles faltaba iniciativa si se quedaban sin oficiales y que «en sus tiendas eran escandalosos como micos y todos hablaban gritando al unísono». De todas maneras, unos y otros loaban su lealtad, su dureza y su disciplina.

La instrucción se realizó en la zona del canal de Suez, donde tenían la base. El entrenamiento fue muy duro. Al esfuerzo y audacia que se exigía a los comandos que se formaban en Europa, se le había de añadir las largas caminatas con algo de comida seca y poca agua, marchando de noche y permaneciendo inmóviles de día bajo el sol del desierto. El mayor Rose señala que «tanto los oficiales como los soldados superamos la exigencia de recorrer treinta millas en 24 horas durante tres días consecutivos. E incluso aprendimos a manejar camellos y a cuidarlos».

Los españoles formaban parte de la Compañía B del comando y las dos secciones españolas eran dirigidas por los tenientes Jamie Russo y Cecil Sandbach. El primero era gibraltareño, y no era bien visto por sus

3. Cuando todavía eran comandos, los españoles estaban adscritos en este Regimiento a efectos administrativos, pero no en su estructura orgánica.

hombres, porque era de familia monárquica y había luchado en el bando franquista durante la Guerra Civil.

Objetivo Creta

El objetivo marcado inicialmente por el Cuartel General de las Fuerzas de Tierra británicas era crear comandos en Oriente Medio para realizar operaciones anfibias en las costas y las islas del Mediterráneo oriental y en la retaguardia enemiga del norte de África.

La primera operación que se preparó fue un ataque a la base de Bomba, en Libia. Se estudió con detalle e incluso se ensayó en los Lagos Amargos, cerca del canal de Suez. El comando desembarcaría a medianoche y atacaría y liquidaría a la guarnición italiana, mientras lanchas rápidas de la Royal Navy destruirían los hidroaviones amarrados. La noche del 27 al 28 de octubre de 1940 el comando embarcó en dos destructores para realizar la operación en la noche siguiente, pero el día 28, cuando ya se encontraban en alta mar, los buques recibieron la orden de retornar a Alejandría. Los italianos habían invadido Grecia y ello alteraba la situación en el Mediterráneo oriental.

En diciembre de 1941 fueron trasladados a Grecia, donde vivían un período relativamente tranquilo, porque en las acciones realizadas por el comando —con pésimos resultados— en las islas de Kassos y Kastelórizo no participaron españoles, porque «a oídos de los británicos, el español y el italiano se asemejaban demasiado», explica el mayor Rose.

En marzo de 1941 vuelven a Egipto pero no tarda en llegar una orden urgente: partir hacia Creta. Los alemanes han lanzado la Operación Merkur, un ataque a la isla con paracaidistas, planeadores y tropas aerotransportadas. Es la primera operación importante de invasión realizada desde el aire en la Segunda Guerra Mundial. Tras diversas incidencias, las unidades en las que formaban parte los españoles desembarcan en Creta la noche del 26 al 27 de mayo de 1941.

Cuando los comandos llegan, el Alto Mando británico ha decidido ya evacuar la isla, porque se dan cuenta de que los alemanes se están imponiendo y temen que se puedan producir graves pérdidas navales. Inmediatamente se asigna una dramática misión al Batallón D, formado por los comandos: proteger la retirada y el embarque de las tropas que se

Enric Marco Nadal.

dirigen a Skafia, uno de los puertos del sur de la isla desde donde se prevé evacuar las tropas británicas y aquellos que puedan ser sus aliados griegos. Y después reciben una segunda orden: de las cinco compañías del Batallón D, cuatro se han de retirar a la posición principal de resistencia, mientras que la otra ha de quedar en primera línea. Y quienes han de permanecer en este puesto son los españoles y británicos que forman un total de 110 hombres. No sirven de nada las quejas del mando de la brigada, el teniente coronel Laycork, que piensa que la compañía estará perdida en cuanto les rodeen los alemanes. Las órdenes del general Weston, jefe de la retaguardia, son inflexibles: la compañía ha de mantener la posición para dar tiempo a crear una defensa más sólida unas seis millas al sur.

Luchando con maoríes

El capitán McGibbon explica que poco después de que la compañía se quedara sola, pasó un destacamento de maoríes neozelandeses que pidieron quedarse para detener a los alemanes. «Los acepté con los brazos abiertos y más tarde les ordené que hicieran un ataque a bayoneta», explica el capitán canadiense.

Curiosos ingredientes: un grupo formado por británicos, españoles y maoríes neozelandeses, todos ellos dirigidos por un canadiense, que pretendían detener a los paracaidistas y a las tropas de montaña alemanes.

Los españoles temían caer prisioneros, porque tanto ellos como los británicos estaban convencidos de que si eran identificados por los nazis como republicanos españoles serían fusilados. Por ello se les comunica que, si son capturados, ya que no pueden pasar por británicos debido a que apenas saben cuatro palabras en inglés, se han de declarar gibraltareños.

La retirada durante la noche de dos compañías británicas situadas en la retaguardia provocó pánico y desconcierto, y algunos españoles y británicos huyeron.

A la mañana siguiente se produjo el ataque alemán, realizado por fuerzas de la 5.ª División de Montaña apoyadas por la artillería, la aviación y morteros. Los alemanes cercaron a la compañía británica, cuyos supervivientes cayeron prisioneros. El capitán McGibbon resultó gravemente herido. Explica que «uno de los oficiales de la Wehrmacht expresó su sorpresa porque muy pocos británicos —él desconocía que fueran comandos— habían aguantado un ataque alemán tan intenso, y señaló que sus bajas habían sido importantes, con abundantes muertos».

Parece que el número exacto de españoles que volvieron a Egipto fue de 17, según Humbert Cole, del Servicio de Inteligencia británica.[4]

Esta cifra la consideran cierta algunos de los supervivientes. Entre los que prefirieron huir para no entregarse a los alemanes estaban los catalanes Trancho y Surera. Pasaron muchas dificultades para llegar a África, porque algunos lo hicieron en pequeñas barcas. Trancho murió al poco tiempo de volver.

En Polonia

Entre las tropas británicas de Egipto circuló el rumor que los españoles del Comando 50 que habían caído prisioneros habían sido ahorcados o fusilados por los alemanes. Aun décadas más tarde lo pensaban excombatientes ingleses que así lo han manifestado al autor de este libro. La realidad fue bien diferente. Fueron tratados igual que el resto de prisioneros británicos y se les aplicó la Convención de Ginebra. Fueron a parar a campos

4. Cole no formaba parte del comando, pero tuvo un papel importante en el reclutamiento de españoles para las fuerzas británicas del norte de África tras el desembarco aliado del 8 de noviembre de 1942. Al finalizar la Segunda Guerra Mundial, dirigió la revista *John Bull*. En esta revista Cole escribió que a Creta fueron quinientos comandos españoles. Obviamente, se equivoca. Probablemente alguien le dio esa cifra sin tener datos fehacientes o debido a las habituales exageraciones de los combatientes. En cualquier caso, no podían ser más de setenta, ni siquiera eso, porque faltó alguno que por enfermedad u otros motivos —como ser arrestado— no había participado en la operación.

de concentración de Polonia y Alemania. En un listado de la Cruz Roja aparecen los nombres de los 37 españoles y los campos por los que pasaron. Francisco Navarrete, vasco, uno de los prisioneros, explica que «en los campos encontramos a muchos españoles. Casi todos eran miembros del Ejército francés o deportados por los alemanes para trabajar, aunque casi nunca llegué a conocer sus identidades. De la misma manera que nosotros nos hacíamos pasar por gibraltareños, ellos también evitaban dar sus nombres de origen por miedo a ser deportados a España».

Pasaron hambre y frío. Los más dramáticos fueron los últimos meses de la guerra. Los rusos se acercaban y los prisioneros eran trasladados en grandes columnas por las carreteras en dirección al oeste, con poca comida y durmiendo donde y como podían. «En cinco semanas de marcha, recorrimos quinientos kilómetros entre Breslau (hoy Wroclaw) y Hannover, muriendo muchos prisioneros», dice Navarrete.

En junio de 1945 desembarcaron en Inglaterra treinta y cinco de aquellos prisioneros capturados en Creta. Faltaban dos. Los jóvenes andaluces Braulio Heras y Francisco Lumbrera habían muerto pocos días antes de la liberación durante un ataque aéreo.

El primer regimiento especial

La mayor parte de los españoles del Comando 50 habían muerto o caído prisioneros en Creta, pero algunos habían vuelto a Egipto o no habían participado en la operación insular. Para ellos, la guerra no había terminado.

Tras el desastre de Creta y el fracaso o anulación de otras acciones, los comandos de Oriente Medio fueron reorganizados y unificados, convirtiéndose en el First Special Regiment. Uno de sus escuadrones, el D, lo formaron los que sobrevivieron al desastre de Creta. En este tipo de unidades había gente que se inscribía con nombres ingleses o españoles de gran difusión, para evitar identificaciones o represalias familiares en caso de caer prisioneros. En esta lista hay cuatro García y cuatro Martínez, por lo que es más que probable que alguno se hubiera cambiado los apellidos.

El Primer Regimiento de Servicios Especiales colabora con el LRDG (Long Rangers Desert Group), núcleo de comandos que efectúa golpes de mano en la retaguardia enemiga tras recorrer centenares o miles de kilómetros por el desierto, odisea que ha sido fuente de inspiración de numerosos films sobre conflictos bélicos. El Regimiento, no obstante, quedó cada vez más en la esfera del SOE (Special Operations Executive), que no desarrolló una tarea de comandos en sentido estricto sino que sumó actividades de formación y espionaje a las de sabotaje.

Finalmente, todos los comandos de la zona, a excepción de los del LRDG, fueron integrados en el SAS (Special Air Service), uno de los brazos del SOE.

El golpe contra Rommel

Un tema recurrente en los films sobre las operaciones de comandos británicos del desierto es el intento de liquidar a Erwin Rommel, jefe de las tropas germanoitalianas. El golpe sorpresa lo realizaron los ingleses la noche del 17 al 18 de noviembre de 1941 en Beda Litoria, con la participación, entre otros, de miembros del comando del que formaban parte los españoles. Y el supervisor general de la operación fue el teniente coronel Laycork, jefe de los comandos en Creta.

Fue una acción frustrada, porque pese a matar a algunos militares alemanes, la casa que atacaron no era la residencia del general —después mariscal— Rommel, aunque había sido utilizada en alguna ocasión como cuartel general. Además, el jefe supremo del Eje en África se hallaba aquellos días en Roma. Fue una audaz operación de los comandos, pero la mayor parte de los que intervinieron murieron, entre ellos el jefe directo de la acción, teniente coronel Geoffrey Keyes. El supervisor general de la operación, Peter Laycork, jefe de los comandos en Oriente Medio, se salvó huyendo por el desierto y caminando unos cuarenta días antes de llegar a las líneas inglesas.

Hubo algún español entre los preseleccionados para formar parte de la operación. Luis Bracero,[5] andaluz, lo explica: «Font, Julià y yo, enro-

5. Bracero era uno de los españoles que intentó huir de Siria en dirección a Palestina, pero el vehículo que llevaba se estrelló y tuvo que quedarse. Tras la ocupación de Siria y Líbano por las tropas británicas y de la Francia Libre, se incorporó a las fuerzas de De Gaulle. Formó parte de la 13.ª Semibrigada de la Legión Extranjera, que en Egipto fue

Rommel en el desierto africano en 1942.

lados los tres en las Fuerzas Francesas Libres, nos encontramos un día en El Cairo con unos cuantos españoles que formaban parte de los comandos ingleses. Entre ellos estaba el andaluz García y el catalán Trancho. Recuerdo perfectamente que encontré a García porque era de Montilla (Córdoba), pueblo vecino al mío. Nos dijeron que eran una veintena de españoles en aquellos comandos y habían estado en Creta, donde habían muerto o caído muchos otros. Estos mismos, y unos oficiales ingleses con los que coincidimos en una reyerta entre soldados en el cabaret Regal de El Cairo, nos dijeron que algunos españoles habían sido incluidos en los grupos de comandos preparados para asestar un golpe en el Cuartel General del Afrikakorps y liquidar a Rommel. Un oficial británico que había estado en la guerra de España como periodista, y que en el año 1941 estaba adscrito al Estado Mayor del Oriente Medio, consiguió que los españoles fuesen retirados».

Otro testimonio externo sobre la participación de españoles en algún golpe de mano contra mandos alemanes es el valenciano Enric Marco Nadal, que también había intentado huir infructuosamente hacia Pales-

incorporada a la 7.ª División Acorazada británica. En sus días de permiso se encontró en diversas ocasiones en El Cairo con antiguos compañeros suyos del 11.º Batallón de Marcha (en Siria), que entonces formaba parte de las fuerzas británicas.

tina. Al igual que Bracero, en aquella época formaba parte de la 13.ª Semibrigada de la Legión Extranjera francesa. Explica que había sido ingresado el 10 de mayo de 1942 en el Hospital Militar de Helmey, en El Cairo, por una herida en la pierna en un ataque de aviones alemanes en Bir Hakeim y que «en el Hospital encontré a un español, ingresado antes que yo, que se llamaba José Rodríguez. Era de La Coruña, pero residía en Madrid desde bien pequeño. Había pasado toda la Guerra Civil como voluntario republicano y al finalizar la contienda se había refugiado en Gibraltar. Formaba parte de un comando y se había roto la clavícula derecha en el ataque a un puesto de mando alemán. Me explicó que habían participado cinco españoles más, además de los británicos. Los desembarcaron unos 30 kilómetros por detrás de las líneas enemigas, y habían de volver a pie a las posiciones inglesas. Explicaba que habían preparado la operación con todo detalle, y que cuando llegaron a las puertas del objetivo alemán, la sorpresa del centinela fue tan grande que apenas pudieron reaccionar. Los oficiales alemanes estaban celebrando una fiesta, que amenizaba un cantante italiano».

11

La liberación de Mauthausen

Las fotos de la liberación de los campos de extermino nazis dieron la vuelta al mundo en los últimos meses de la guerra mundial en Europa y en la posguerra. Después han sido reproducidas muchas veces en publicaciones periódicas y libros. Una de las más conocidas muestra la pancarta de bienvenida a las tropas que liberaron Mauthausen. Curiosamente, la parte principal, la leyenda de la pancarta, ha aparecido borrada en la mayor parte de las publicaciones. Decía: «Los españoles antifascistas saludan a las fuerzas liberadoras». Era una frase que molestaba... también a los aliados ganadores de la guerra. La habían hecho los republicanos españoles. Y el autor era un catalán, Francesc Teix, dibujante y caricaturista, de filiación comunista.

Asimismo, el autor de algunas de aquellas imágenes que se publicaron en diarios y aparecieron en noticieros cinematográficos era Francesc Boix. Gracias a él se conservan las imágenes de un grupo de deportados derribando con una soga el águila símbolo del Tercer Reich que había en la entrada de Mauthausen, y la de los prisioneros saludando a las primeras tropas norteamericanas el 5 de mayo de 1945.

Hechos similares se produjeron en todos los campos los últimos meses o días de la guerra. Los alemanes se retiraban de todos los frentes de forma precipitada. En los campos de exterminio procuraban destruir los archivos, cámaras de gas, crematorios y todo aquello que los pudiera comprometer y, a menudo vestidos de paisano, huían los temibles SS de impecables uniformes. En paralelo, la euforia había aumentado entre los internos de los campos, donde en algunos casos grupos organizados de resistentes preparaban sublevaciones contra sus verdugos y querían recibir de manera triunfal a las tropas liberadoras soviéticas, norteamericanas o británicas.

La pancarta de Mauthausen

Teix explicó a Montserrat Roig que «un compañero responsable de la organización clandestina del campo me vino a ver y me propuso crear un gran cartel para dar la bienvenida a las fuerzas de liberación. Lo había de tener preparado en las siguientes 48 horas, ya que en ese tiempo preveían que se produjera la liberación del campo. Me encargaron un texto en tres idiomas, y eso significaba que debía dibujar, al menos, unas 150 letras, además de las tres banderas de los aliados. Me pareció una tarea casi imposible, pero acepté.

»La organización había decidido que trabajase en los lavabos de la barraca 11, protegido por diversos compañeros, que vigilarían los alrededores. La tela tenía unos 20 metros de largo y daba toda la vuelta a las paredes de los lavabos. Los sastres habían cosido unas cuantas sábanas robadas a los SS. Fijé con unas chinchetas la sábana a mi altura e hice el borrador con las tres banderas, la soviética, la americana y la inglesa. Si algún policía hubiera tenido la intención de entrar en los lavabos mientras yo pintaba, los compañeros que hacían de centinelas lo habían de liquidar y dejarlo en el interior muerto o moribundo. Creo que los que me protegían iban armados con cuchillos de fabricación clandestina, e incluso alguno llevaba un arma de fuego.»

Grupos organizados de prisioneros preparaban sublevaciones contra sus verdugos en los momentos previos a la liberación de los campos.

Las fotos de la liberación de los campos de exterminio dieron la vuelta al mundo en los últimos meses de la guerra.

Bonaque, del grupo de resistentes, recuerda que Teix estaba muy nervioso cuando dibujaba la pancarta. Se podía oír el retumbar de los cañones cada vez más cerca. Llegó la hora de comer del día 5 de mayo de 1945 y, cuando ya estaban listos los textos en inglés y ruso, Teix empezó a hacer el texto en castellano. «De pronto —explica— el republicano que hacía guardia en el tejado del crematorio empezó a gritar que ya llegaban los tanques. Teix aún no había acabado con la última palabra del texto en castellano, "liberadoras". Lo hizo deprisa y corriendo, con cuatro pinceladas, cosa que las fotografías muestran muy bien. Las fotografías no censuradas de los textos franceses, claro.» Es evidente que las potencias liberadoras no les gustó que en letra grande en la pancarta apareciese el texto en castellano y el protagonismo de los españoles. De forma especial parece que disgustó a los franceses, que no aparecían en la pancarta ni con su idioma ni con su bandera. Pero la realidad histórica es que la idea de hacer una pancarta para recibir a las fuerzas de liberación fue de unos pocos republicanos españoles y que el autor material fue un catalán.

Teix sigue explicando que «al poco rato (de hacer la pancarta) entró el compañero Corona y me dijo, satisfecho, que ya podía verse a los americanos y me exigió que le entregase la pancarta. Con firmeza y sin dudarlo ni un momento me negué, ya que yo sólo podía entregarla al responsable de la organización. Pero Corona no hizo caso del orden jerárquico, me arrebató la pancarta y se marchó precipitadamente hacia los miradores de la entrada principal. Con el fin de evitar un acto irreflexivo y de consecuencias imprevisibles, lo seguí corriendo y gritándole. Tras llegar bajo la torre de vigía, el policía que estaba de guardia le pidió sin mucha convicción adónde iba. Corona le empujó y le dijo: *Raus, Mensch!*, algo similar a «Aparta, inútil». Cuando el centinela me preguntó también dónde iba, le respondí lo mismo que Corona. Sarroca y Ferrer ya se encontraban sobre el puente que unía las dos torres. Corona, loco de alegría, me dijo que le ayudase a desplegar la pancarta y ajustarla a la barandilla que da al interior del campo. En aquel momento oímos un clamor de alegría y cuando los tanques entraron en el interior del recinto la alegría general era ya una auténtica apoteosis».

No hubo resistencia alguna por parte de los nazis, que habían huido del campo de internamiento hacia los bosques, tratando de dirigirse hacia los Alpes.

Euforia y desorden

Cuando la tanqueta y otros dos vehículos americanos que formaban la avanzadilla entraron en el campo, los deportados, aupados sobre los tejados, hicieron volar sus chaquetas y gorras con evidente júbilo. Muchos lloraban de emoción. Ya eran libres.

Según Joan Pagès, el oficial americano que dirigía la patrulla no tenía constancia de la existencia del campo, por lo que les recordó que debían mantener el orden y la disciplina. Los deportados que acababan de ser liberados le enseñaron los cadáveres amontonados. El americano se quedó mudo y con ganas de marcharse. Desde el propio Mauthausen comunicó telefónicamente con el teniente coronel Richard R. Seibel, que le ordenó que prosiguiera su avance.

Los deportados pidieron al oficial americano que fuese a liberar Gusen, a tan sólo cinco kilómetros de allí. Y lo hizo, pero tardaron tres horas. De todas maneras, en aquel lugar los deportados polacos se habían sublevado y detuvieron a algunos *kapos*, entre ellos estaban los españoles Tomás Urpí y el «Asturias». La venganza de los deportados en Gusen fue terrible, especialmente por parte de los soviéticos, que también eran los que más habían sufrido.

Los internos eran sometidos a condiciones inhumanas, consistiendo la más infame en forzarles a subir pesados bloques de piedra por los 186 escalones de la mina del campo de Mauthausen.

Josep Escoda, que se hallaba en Gusen-2, explica que los rasgos faciales del primer americano que vio evidenciaban que era de raza india, y les dijo que todo aquello que quisieran hacer (actos de venganza contra sus guardianes), lo habían de llevar a cabo aquel primer día, porque al día siguiente entraría el grueso de las tropas americanas que evitarían cualquier acto anárquico de los que acababan de ser liberados. Los soviéticos y polacos lincharon a la mayoría de los *kapos* y a todos los SS que encontraron.

La avanzadilla americana que llegó a primera hora de la tarde de aquel 5 de mayo al campo central de Mauthausen había partido hacia Gusen, pero pasaron un par de días y el grueso de las tropas no llegaba al campo. Crecía el descontrol y el nerviosismo entre los internos. Los SS del campo ya habían huido, pero al pueblo de Mauthausen iban llegando algunos SS y soldados alemanes que huían del frente, tanto los que se habían enfrentado a los americanos como a los soviéticos, porque en aquel momento todos se hallaban cerca.

Pagès explica que la situación era peligrosa por el desconcierto y la locura producida y que fue entonces cuando la organización internacional que habían creado los refugiados para la resistencia interna de los campos se hizo cargo de la situación. El mando se instaló en el antiguo cuerpo de guardia de los SS, en la puerta principal del campo; se realizó la distribución de alimentos y se establecieron servicios de vigilancia en los alrededores del campo para evitar un posible retorno de los SS con el intento de destruir las instalaciones. Al otro lado del Danubio había SS que luchaban contra los rusos, por lo que se decidió vigilar la margen izquierda del único puente existente. Algunos de los grupos enviados, con la posterior ayuda de los americanos, apresaron al comandante Franz Ziereis, el jefe nazi del campo, al que llevaron al Hospital de Gusen, donde antes de morir confesó sus crímenes.

El grueso de las fuerzas americanas no llegó al campo central de Mauthausen hasta unos días más tarde. El teniente coronel que dirigía la unidad dijo desconocer la existencia de aquel lugar, por lo que no llevaba ni medicinas ni comida para aquellos 20.000 medio muertos de hambre y de penuria que había encontrado. Durante días, el desorden seguía siendo grande y los prisioneros falsificaban los permisos que los americanos daban para poder bajar al pueblo a por comida.

Murieron bastantes internos por las secuelas de los padecimientos anteriores y porque la alimentación no era suficiente, aunque a los pocos días la situación se normalizó.

La cámara de Boix

Boix, uno de los «Prominenter»[1] que junto con Antoni García habían sido los protagonistas principales a la hora de conservar y sacar del campo los clichés fotográficos de las matanzas y torturas, consiguió apoderarse antes de la liberación de una cámara de fotos de los SS, y con ella fotografió los momentos decisivos de aquellas jornadas.

Mariano Constante explica que la organización internacional de los internos dio la orden de fotografiarlo todo: los posibles combates; la instalación de la pancarta dedicada a las fuerzas de liberación; el campo ruso, que era el que estaba en peores condiciones, especialmente una especie de noria donde los nazis hacían girar a los que habían mutilado de las dos piernas; la cantera; el momento en que los prisioneros sacaban las armas que habían robado a los nazis y tenían escondidas en depósitos clandestinos; la actuación de los primeros grupos armados en el frente entre los que se hallaba Montero; el derribo de la siniestra águila de bronce de la entrada principal del campo; la vigilancia situada en el puente del tren; la instalación de la primera ametralladora...

Constante explica que no tiene referencia de un hecho similar en otros campos de concentración nazis liberados, donde las imágenes las tomaron siempre las fuerzas americanas, soviéticas o británicas que llegaban, pero nunca los propios internos.

Abandonados por todos

Como en los otros campos, aunque en mayor dimensión porque eran muchos más los republicanos españoles, tras la liberación de Mauthausen se presentó el problema de la repatriación. Para los ciudadanos de los países que habían sido ocupados o atacados por los nazis su destino estaba claro, pero... ¿dónde habían de ir los marcados con un triángulo azul y una S, los rojos españoles? No podían volver a su país, donde aún gobernaba un régimen hostil. Y todos los países albergaban infinidad de

1. Los «Prominenter» eran presos que habían gozado de una situación privilegiada.

refugiados, exdeportados, excombatientes, situaciones de miseria. Ya tenían suficiente con sus propios ciudadanos como para añadir más.

Los americanos pretendían repatriarlos a España o dejarlos en el campo como desplazados. Otros dijeron que habían de ir a Francia. Los rusos trataron muy bien a la delegación que los fue a visitar a Viena y la alojaron en un castillo, pero ir a la URSS tampoco era la solución.

Los días pasaban y no se hallaba una salida. Los prisioneros de otras nacionalidades volvían a sus países, pero los españoles seguían sin saber adónde ir. Hacia finales de mayo de 1945, algunos planteaban hacer una expedición a París al margen de la organización aliada. En realidad había pasado muy poco tiempo tras la liberación, poco más de tres semanas, pero a los españoles que permanecían en Mauthausen se les hizo eterno.

En junio de 1945 fueron saliendo poco a poco con destino a París. Casi todos ellos habían sido hechos prisioneros siendo miembros de las Compañías de Trabajo del Ejército francés.

12

Con Largo Caballero en Oranienburg

En agosto de 1939, cuando todavía no había empezado la guerra mundial, las SS colocaron en el frontispicio de las barracas del campo de concentración de Sachsenhausen esta inscripción: «Hay un camino hacia la libertad. Sus objetivos son estos: obediencia, aplicación, honestidad, orden, limpieza, sobriedad, franqueza, sentido de sacrificio y amor a la patria». Al campo, cuya construcción se había iniciado el 12 de julio de 1936, habían ido a parar delincuentes comunes, adversarios (alemanes o austríacos) políticos y judíos.

Este campo, situado a 34 kilómetros al norte de Berlín era conocido con los nombres de Oranienburg o Sachsenhausen. Oficialmente, para la organización alemana consta como Campo de Educación de Sachsenhausen, aunque la mayoría de deportados lo llaman campo de Oranienburg, por estar cerca de la ciudad de la que toma su nombre.

Se calcula que en este campo, situado en una zona pantanosa, murieron unas 100.000 personas en el transcurso de la Segunda Guerra Mundial. Al liberarlo las tropas soviéticas el 22 de abril de 1945 sólo quedaban unos 3.000 hombres, unas 2.000 mujeres y algunos niños. El resto había sido eliminado o evacuado.

Mientras que al campo de Mauthausen fueron a parar la inmensa mayoría de españoles deportados por los nazis, a Oranienburg fueron sólo unos pocos. Pero hay un dato particularmente significativo: convivieron con quien había sido presidente del Gobierno, Francisco Largo Caballero.

El testimonio de Largo Caballero

Detenido en Francia, Largo Caballero había salido de la estación de Saint Lazare de París el 8 de julio de 1943 en dirección a Berlín, donde llegó al día siguiente. Trasladado a las oficinas centrales de la Gestapo, declaró en los días posteriores.

El exjefe del Gobierno detalla aspectos curiosos de su interrogatorio: en la portada del dossier, con el nombre de Francisco Largo Caballero había una fotografía en un diario que no era la suya. El propio comisario alemán que lo interrogaba se puso a reír al percatarse. La carpeta contenía un fajo con numerosos recortes de diarios y otros datos. «Aparecía —explica— información antigua de unos años atrás en la que se decía que había asistido a conferencias donde nunca había estado y escrito artículos en alemán que jamás había escrito, y así multitud de cosas. Todo aquello me horrorizaba, porque había podido ver cómo se "fabrican" los antecedentes de los hombres que luchan en la vida política; cómo la policía, dispersa por el mundo, informa para justificar su función. Y cómo ciertos elementos políticos sin escrúpulos, con el objeto de dar importancia a sus reuniones internacionales, no tenían inconveniente en hacer figurar como asistentes a personas que se hallaban a centenares de kilómetros del lugar en el que se habían reunido. Como los interesados no acostumbran a leer estos diarios, no tienen posibilidad de rectificar y… así se escribe la historia.»

Largo Caballero señala que en el interrogatorio el comisario lo culpabilizó de la Guerra Civil española y de muchas otras cosas, pero él las fue rechazando. Llegó a la conclusión de que no hallaban nada que lo culpabilizase y dijo que esperaba que lo dejasen en libertad, pero el comisario le respondió que lo consideraban un elemento peligroso para Francia y Alemania. Y el 31 de julio de 1943 entraba en el campo de Oranienburg.

La brutalidad y la miseria eran similares a las de otros campos, con castigos mucho más fuertes ante un elemental incumplimiento. Largo Caballero explica que «si alguno de los presos no llevaba bien visible el número de identificación o lo sorprendían con las manos en los bolsillos, lo castigaban a "hacer deporte". Quien inventó esos nombres debía tener el espíritu de una hiena. El castigo consistía en tenerlo a la intemperie durante una o dos horas, caminando de rodillas o agachado. El que no resis-

Sachsenhausen.

tía hasta el final y caía exhausto, desmayado, debía ser llevado inconsciente a la enfermería con las rodillas sangrando. Por una falta menor los hombres eran llevados al batallón disciplinario, en el que solían haber entre 100 y 150 castigados. En todos los batallones disciplinarios los trabajos son duros, y ello parece natural, ya que en caso contrario no serían batallones de castigo, pero he aquí una muestra de lo que se imponía en este campo: en una mochila sujeta a la espalda se cargaba un peso en piedras entre diez y veinte kilos, y con este peso se les obligaba a dar vueltas a la plaza durante todo el día. En total, unos cuarenta kilómetros. Esfuerzo que era absolutamente inútil. Otras veces el castigo consistía en recibir unos cincuenta golpes en el trasero con un látigo de goma».

Los *kapos* y vigilantes de las SS, como en todos los campos, no solo maltrataban a los presos hasta extremos insospechados, sino que también les robaban la comida y sus escasas pertenencias. El expresidente del Gobierno señala que «de un envío realizado por los americanos a los españoles nos robaron más de cien paquetes que distribuyeron entre los alemanes "enchufados". A mí y a otros compañeros españoles nos robaron diversos paquetes de la Cruz Roja Internacional y nadie decía nada. En cambio, si alguien robaba una col de uno de los huertos lo colgaban de una horca colocada entre dos conjuntos de flores y ante todos los presos formados en la plaza». Añade que en el tiempo que él estuvo allí, colgaron a veintidós presos.

Referir todas las brutalidades y matanzas sería interminable y reiterativo, similares a las que habían sucedido en Mauthausen. En los primeros años, Mauthausen era mucho peor que Oranienburg, porque éste no era inicialmente un campo de exterminio, y durante algún tiempo los prisioneros pudieron mantener algún contacto epistolar con el exterior o bien recibir paquetes. En Oranienburg, una gran parte de los asesinados en masa y gratuitamente eran los rusos y los polacos. A menudo, cuando entraba una expedición de prisioneros, eran ametrallados, sobre todo en las últimas semanas, cuando ya no estaban lejos las tropas soviéticas que estaban aniquilando la Wehrmacht.

Largo Caballero explica en su testimonio, que reproducen Pons Prades y Constante, que cuando el comisario alemán lo dejó en el campo quedó «realmente enfermo. Los cuatro meses y medio de prisión en Neuilly y los veintiún días de celda de castigo en el edificio de la Gestapo habían quebrantado mi salud y agudizado la anquilosis del pie. No me encontraba bien y no recibía la asistencia necesaria. El primero con el que entablé conversación cuando entré en el campo fue un holandés de las Brigadas Internacionales; hablaba español y era el encargado de inscribir a los recién llegados. Me observó con sorpresa porque le costaba creer que ingresaba en el campo un expresidente del Consejo de Ministros. Yo era el primero y, naturalmente, le sorprendía. Hecha la inscripción, pasé a otro servicio, donde me lo quitaron todo: desde la boina hasta los calcetines, dejándome completamente desnudo. Ya anteriormente se habían quedado con mi maleta. En seguida vino un español, que se había levantado del camastro al enterarse de que yo estaba allí y vino a saludarme efusivamente. Estos encuentros impresionan, aunque sea la primera vez que ves a una persona».

Bernat García y el expresidente

Bernat García, de Badalona, expone a Pons Prades su encuentro y su momentáneo distanciamiento del líder del socialismo español: «Yo fui el primer español que acogió a Largo Caballero. Entonces estaba empleado en la Desinfección. Antes había sido barbero de la barraca 52, el mando de la cual era un alemán de las Brigadas Internacionales. Mediante los brigadistas me enchufé en la Desinfección. Largo Caballero venía destinado por el jefe del campo (Lagerführer), un excomandante de la Legión Cóndor, a la enfermería como trato de favor. El viejo luchador socialista llegaba, no obstante, muy enfermo, porque la Gestapo de Berlín y de París lo sometieron a muchos sufrimientos y esfuerzos y, si no hubiera sido por los médicos deportados —polacos, holandeses y luxemburgueses en particular— que se desvivieron en "resucitarlo", Largo Caballero no lo hubiera contado. Nosotros, los españoles, también lo ayudamos en el sentido de evitar que lo pelasen al cero o lo sometieran a una ducha de agua helada. Fui yo quien le dio su número de identificación: el 64.400». Añade que poco después de llegar Largo Caballero le dieron una fiesta al cumplir los 70 años.

Bernat García había llegado al campo el 25 de enero de 1943. Formaba parte de una expedición de 70 españoles. Había sido ingresado en la Compañía de Trabajo número 65 del Ejército francés, pero con la desbandada provocada por la invasión alemana y la derrota de Francia fue a parar a Burdeos, con otros compañeros suyos de Badalona. Encontró trabajo y colaboró con otros españoles de la zona. Señala que «como los alemanes empezaron a construir la base submarina de Saint Nazaire y el

El campo de concentración de Sachsenhausen, ubicado en la población de Oranienburg, en Brandeburgo, fue construido por los nazis en 1936 para confinar o liquidar masivamente a opositores políticos.

Muro del Atlántico, ayudábamos a esconderse en las Landas o a volver a España a aquellos que desertaban de sus unidades. El viaje hacia territorio español lo realizábamos gracias a la organización de los vascos, que ya entonces nos dieron una lección de organización al resto. Recuerdo que la gente de Burdeos decía que estaban ocupados por dos ejércitos, el alemán y el vasco».

Trabajó en estas actividades y en la búsqueda de información para los grupos de la Resistencia, pero el 3 de diciembre de 1942 cayó en manos de la Gestapo, a partir de las detenciones masivas que se produjeron tras el atentado contra el comandante alemán de Burdeos, que, entre otras cosas, provocó la ejecución de 65 prisioneros. A García y a otros españoles los encerraron en Fort du d'Hôa, donde permanecieron tres semanas. Los trasladaron después al campo de Compiègne y, tres días más tarde, «un grupo de 70 "rojos" españoles salíamos hacia un destino desconocido. El 25 de enero de 1943 llegábamos al campo de Sachsenhausen-Oranienburg, donde sólo encontramos a un español, un tal Alonso. Fuimos la expedición de "políticos resistentes" españoles más importante que llegó a aquel campo, Posteriormente llegaron otros, pero en solitario. En total nos juntamos un centenar de compatriotas, de los que sólo nos salvamos 26 y Largo Caballero». Una parte de los españoles fueron trasladados a otros campos, donde la mayoría murieron.

Bernat García fue uno de los que más convivió con Largo Caballero, a quien hizo muchas horas de compañía, sobre todo los domingos, sentado junto a su cama. García explica que pasaron meses de esta forma, hasta que un día, poco después del desembarco de Normandía, le dijo a Largo Caballero en un tono eufórico: «Don Francisco, parece que esto se acaba». Y él me respondió en tono categórico: «No se haga ilusiones, amigo García. Franco gobernará en España hasta que muera. Durante la Guerra Civil dañamos muchos intereses extranjeros y los países capitalistas eso no lo olvidan».

Bernat García dice que aquella respuesta le sentó muy mal, salió irritado de la enfermería y estuvo un par de domingos sin ir a verlo. Finalmente, el propio Largo Caballero, a través del asturiano Alonso, le pidió que volviese. Y le dijo: «Mire García, venga a verme y no hablaremos más de política. Necesito que cada uno de ustedes venga a verme con el fin de poder resistir todo esto. Ustedes son jóvenes y no me necesitan. Yo, en cambio, a ustedes sí».

En Sachsenhausen se recluyó a unos 60.000 presos políticos, así como militares y funcionarios del III Reich.

García volvió a partir de entonces… y volvieron a hablar de política. Explica que, más tarde, comprendió que estaba justificado el habitual pesimismo de Largo Caballero sobre el cambio en España.

Muertos y supervivientes

Entre los españoles que murieron en el campo de Oranienburg había una madre y dos hijos de apellido Puente. Estaban muy desmoralizados y fueron gaseados uno después de otro.

Josep Carabassa explica que «pese a haber visto escenas escalofriantes, una de las que más me marcó fue la de un niño ucraniano —que tendría once o doce años— que, al pasar un camión lleno de remolachas, cogió una y, sin ni siquiera quitarle la tierra, se puso a comerla. Uno de los centinelas lo detuvo y el comandante de campo lo desnudó, a 10 grados bajo cero, y lo tuvo en medio de la plaza, durante más de 30 horas, hasta que murió. Poco después tuve que presenciar, imponente, la inmolación de un compatriota nuestro: Jiménez Moreno. Llegó al campo central procedente de la fábrica Heinkel, tuberculoso, y lo ingresaron en la enfermería. En una olla yo hervía todos los huesos que podía recoger y esconder, para extraer la cantidad máxima de grasa posible y llevársela en un bote de conserva. Le hacía sopas con un poco de pan, y tras algunas semanas conseguimos que se restableciera, de manera que pudiera volver a su trabajo y escapar del peligro que se corría siempre en la enfermería de que te sometiesen a experiencias "médicas" o te enviaran a la cámara de gas. Un día, cuando ya creíamos que lo iban a enviar a la Heinkel, lo vi aparecer con ropa de calle, con corbata y todo, y nos dijo que los alemanes le habían dicho que lo iban a liberar. Y que pensaba ir a Burdeos y esperarnos allí para celebrar juntos el fin de la guerra. El pobre no sabía lo que le esperaba. Se lo llevaron en un camión de esos que eran una cámara de gas ambulante y poco rato más tarde lo descargaron por la puerta posterior del horno crematorio. Así acabó aquel gran amigo. De todo ello me enteré al día siguiente, porque teníamos "conquistado" al alemán que dirigía el grupo de presos del crematorio ya que le poníamos azúcar cada día en su café. Era también un exbrigadista internacional. Cada día nos daba los números de identificación de los incinerados».

Cuando las tropas soviéticas se iban acercando los alemanes sacaban grupos de prisioneros y los hacían marchar en dirección al oeste. Muchos murieron por el camino por la extenuación o porque los guardias disparaban un tiro de gracia a aquellos que no podían seguir. Largo Caballero sobrevivió en una circunstancia impensable. Enfermo, débil y viejo, cayó y no podía seguir adelante. Un soldado alemán lo estiró, lo golpeó…, pero no podía. Parecía destinado a recibir un tiro de gracia, pero el vigilante no lo hizo y la columna siguió adelante dejándolo en el suelo. El exjefe del Gobierno español, solo, mayor, abandonado, volvió como pudo al campo de Oranienburg. Los guardias de otras columnas de prisioneros que encontró por el camino también intentaron que fuera con ellos, pero lo dejaron pasar diciéndoles que volvía al campo. Incluso un soldado que iba en una bicicleta lo acompañó y lo dejó en su cama al llegar a la enfermería. Allí lo encontraron los soviéticos unos días más tarde, el 22 de abril de 1945, cuando el campo fue liberado.

En Buchenwald-Dora

El segundo campo nazi por número de españoles internados fue Buchenwald, por el que pasaron unos 380 republicanos. Uno de ellos fue Jorge Semprún, político y escritor, que sería años más tarde ministro de Cultura. Excluidos Mauthausen, donde los hubo a miles, y Buchenwald, son pocos los campos donde los españoles superaron el centenar de deportados.

El campo de Buchenwald tenía cerca de un centenar de kommandos, el más importante de los cuales fue el de Dora-Mittelbau, que llegaría a ser considerado a finales de 1943 como un campo principal. Un hecho destacado del campo de Dora —un lugar de terrible mortandad para los prisioneros— es que en sus fábricas subterráneas se construirían las bombas V-1 y V-2, que serían lanzadas sobre Inglaterra a partir de junio de 1944.

La mayoría de los republicanos españoles que fueron a parar a Buchenwald lo harían en 1944, en convoyes que habían salido de Compièg-

Por Bunchenwald pasaron 380 republicanos españoles, entre ellos Jorge Semprún.

ne los días 19, 24 y 29 de enero. Eran miembros o colaboradores de la Resistencia en Francia, y antes de ser trasladados a Alemania habían pasado por prisiones francesas. Cuando los aliados liberaron Buchenwald, debía haber, según García Badillo, unos 165 supervivientes republicanos, menos de la mitad de los que habían entrado. Hay que tener en cuenta que habían estado en el campo unos 14 meses, bastantes menos que la mayoría de deportados de otros campos.

Un número significativo de los deportados a los campos nazis murieron por los bombardeos aliados. Iban a trabajar a las fábricas —muchas de las cuales eran kommandos donde se producía armamento— u otras instalaciones que eran objetivo de la aviación angloamericana. A menudo, los ataques causaban más víctimas entre los deportados y prisioneros aliados que entre los alemanes.

Buchenwald se hallaba sobre un cerro, a nueve kilómetros de Weimar, la ciudad donde había nacido Goethe. El campo se hallaba en la zona conocida como «el bosque de Goethe». En medio del campo y cerca de la cocina había una encina bajo la cual, se decía, el gran escritor alemán se había inspirado. Los nazis la respetaban pero resultó quemada en el transcurso de un bombardeo aliado al campo. Quizá la figura de Mefistófeles nació allí, bajo aquel árbol, como una maligna premonición del campo de exterminio.

13

El capitán Massip, héroe de la batalla del Ladoga

A principios de 1943, el Alto Mando del Ejército soviético había decidido lanzar una gran ofensiva para romper el cerco alemán de Leningrado, la antigua —y hoy conocida como— San Petersburgo. Centenares de miles de habitantes de la ciudad de los zares y de la revolución bolchevique habían muerto de hambre y frío desde que había quedado aislada del resto de territorio soviético en el verano de 1941, cuando las tropas alemanas que habían invadido la URSS llegaron a sus puertas. El invierno de 1941-1942, especialmente, había significado sufrimiento y muerte. Hitler, para evitar enormes pérdidas en las tropas de asalto casa por casa de una gran ciudad, decidió rendir Leningrado por el hambre, pero no lo consiguió.

Los últimos meses de 1942 y primeros de 1943, el frente de Leningrado se había estabilizado, con una actividad bélica limitada a algunos golpes de mano de unos y otros, y a bombardeos y duelos artilleros de vez en cuando. Unos meses antes, el Führer, al ver que Leningrado no se rendía, había ordenado al mariscal Erich von Manstein, conquistador de Sebastopol y uno de sus mejores estrategas, que preparase un asalto a «la ciudad de Lenin», plan al que llamaron «Luz del norte». Mientras tanto, los soviéticos lanzaron una ofensiva precisamente dirigida a romper el cerco de la ciudad, lo que impidió a sus adversarios iniciar el asalto que preparaban. Los alemanes frenaron el ataque soviético y ganaron esa batalla pero la Operación Luz del norte hubo de retrasarse y finalmente, anularse, porque a principios de 1943 la Wehrmacht ya no tenía capacidad para realizar una operación de asalto de aquella envergadura sin antes retirar tropas de otros frentes. Las fuerzas soviéticas del interior de Leningrado, las sitiadas, eran más poderosas que sus sitiadores. La Wehrmacht había dejado un mínimo de tropas en aquel frente estabilizado ya que las necesitaba en otros lugares. Eran los momentos en que el VI Ejército de la Wehrmacht se hallaba cercado y agonizaba en Stalingrado, «la ciudad de Stalin», la otra población con un nombre simbólico para los soviéticos. Y también en África los ejércitos del Eje se retiraban perseguidos por los angloamericanos. Los alemanes luchaban en todos los frentes en una clara inferioridad numérica en hombres y material respecto a sus adversarios, y además habían perdido la iniciativa.[1]

Al iniciarse 1943, la División Azul cubría aquel frente estabilizado relativamente tranquilo de Leningrado. Pero poco después, cuando los rusos iniciaron las operaciones para liberar la ciudad, el sur del lago Ladoga se convirtió en un infierno. En uno de los combates luchó Salvador Massip Biendicho, que moriría heroicamente en el sector Mga, en la zona denominada Poselok.

Zhukov pone en marcha la Operación Iskra

Aunque no había peligro de que Leningrado cayese en manos de los alemanes, los soviéticos preparaban a finales de 1942 la manera de romper el cerco abriendo un pasillo que introdujera suministros a la ciudad. El invierno anterior habían construido una carretera sobre el hielo del lago Ladoga, pero al iniciarse el deshielo, desapareció. Por ello pretendían establecer un pasillo terrestre e instalar una línea ferroviaria estable. El terreno que necesitaban conquistar no era muy grande. Al sur del lago Ladoga, sólo una cuña alemana de 12 kilómetros de ancho separaba las tropas soviéticas del interior del área de Leningrado del resto de territorio de la URSS, que ellos llamaban «Tierra grande».[2]

1. Además de los combates en los frentes terrestres, la aviación inglesa y norteamericana atacaba casi diariamente las ciudades y las industrias alemanas. Y en el mar, la eficacia de los submarinos alemanes era muy inferior a la de los primeros años de la guerra, por el uso del sonar por parte de los anglosajones, la mejora de las técnicas antisubmarinas y la mayor protección de los convoyes mercantes.

2. Durante la Segunda Guerra Mundial —en la URSS la llamaban la Gran Guerra Patriótica— los soviéticos conocían como «Tierra grande» al inmenso territorio de la URSS no ocupado por los alemanes. Las «Tierras pequeñas» eran áreas también controladas por los soviéticos, pero situadas en territorio globalmente ocupado por los alemanes. Muchas «Tierras pequeñas» eran lugares boscosos plagados de guerrilleros. Eran «peque-

La operación que iban a intentar los soviéticos era prácticamente la misma que habían intentado en el verano de 1942, con un sonoro fracaso. Ahora lo volvían a probar, pero con más medios y poniendo al frente a su mejor estratega, el mariscal Georgy Zhukov. Y con una nueva coyuntura: la guerra había virado en favor de los aliados.

El plan de Zhukov —llamado Operación Iskra (chispa)— tenía como objetivo romper el frente alemán y dejar un pasillo de algunos kilómetros de ancho en el sur del lago Ladoga para instalar una línea ferroviaria. Sólo pretendían una liberación parcial de Leningrado facilitando el envío de víveres y armas, evacuar heridos y enfermos... sin modificar otras zonas del frente de Leningrado, donde los rusos se enfrentaban en el oeste de la ciudad con los finlandeses, y en el sur y el este, con los alemanes.

Para romper el cerco los soviéticos atacarían simultáneamente desde el oeste (sector del río Neva, al norte de Leningrado, la zona cercada) y desde el este (sector del río Volshov). Desde el oeste lo haría el 67.º Ejército dirigido por el general M. P. Dukanov, y desde el este el Segundo Ejército de choque del general V. Z.Romanovsk. Una vez producido el contacto de las tropas de un costado y del otro, girarían hacia el sur, se dirigirían a la ciudad de Mga y ocuparían los montes de Sinevino. Era suficiente para tener un pasillo y construir la línea del tren a bastante distancia de los alemanes.

Para hacer frente a los dos potentes ejércitos soviéticos que se preparaban para la ofensiva, los alemanes sólo disponían de un cuerpo de Ejército, el XXVI —dirigido por el general Hansen— que formaba parte del XVIII Ejército del general Georg Lindemann.

La tremenda ofensiva se inició el 12 de enero de 1943. Los soviéticos pusieron en marcha su táctica de aniquilación: bombardeos de artillería que pulverizaban el terreno y lo arrasaban todo, de forma que cuando los tanques y la infantería se lanzasen al ataque la resistencia enemiga

ñas» en comparación con la inmensidad de la URSS, pero a escala de Europa Occidental no lo eran tanto. A menudo superaban en extensión a provincias españolas y, a veces, a regiones enteras. La zona acechada de Leningrado no era sólo la ciudad, sino un territorio más extenso, que llegaba hasta más arriba del lago Ladoga. Los alemanes estaban muy cerca de la antigua San Petersburgo por el sur y por el este, pero no por otras zonas, y los finlandeses quedaban muy lejos.

prácticamente habría desaparecido. En esta operación, sólo en una de las dos partes de la ofensiva rusa se contabilizaron 4.500 bocas de fuego para bombardear el pasillo de 12 kilómetros que separaba los dos ejércitos. Y por el otro lado había un número similar de piezas artilleras, morteros y lanzacohetes.

La avalancha soviética avanza pese a los esfuerzos de los alemanes por pararla. En general Lindemann envía a las escasísimas tropas de reserva que dispone, pero el día 16, cuatro después del inicio de la ofensiva, el frente alemán sólo separa un kilómetro a las fuerzas rusas de un frente y del otro. Ante lo desesperado de la situación, como no dispone de más reservas, Lindemann decide retirar la División Polizei de las SS, que cubre la línea del frente de Leningrado junto a la División Azul y enviarla a aquella zona de combate. La brecha producida la cubren las dos divisiones vecinas, la española, que extiende su frente hacia la derecha, y una división alemana, la 5.ª de Montaña, que amplía su línea hacia la izquierda. En aquel momento, la División Española de Voluntarios —nombre oficial como se conoce a la División Azul— ocupa un frente de 34 kilómetros en una zona fortificada. Como había dicho el jefe del cuerpo de ejército, Hansen —que en aquellos días dimitió de su cargo— «en el caso de un ataque soviético los españoles no podrían resistir».[3]

Hacia el Ladoga

Los alemanes seguían sin poder contrarrestar la superioridad soviética en la zona de la ofensiva, y en el intento de tapar la brecha, retiraban de posiciones estáticas todas las unidades posibles y las enviaban a la zona de Ladoga. El 2.º Batallón del Regimiento 269 español, que se hallaba en la reserva de la División, recibió la orden de marchar inmediatamente hacia Sablino, como reserva del cuerpo de ejército.

El 2.º Batallón del Regimiento 269 es la unidad española que intervino en mayor número de acciones militares. A finales de 1941 había lu-

3. El 10 de febrero de 1943, la División Azul sufrió el ataque más duro de toda su participación en la guerra. Fue en la batalla de Krasny Bor (Bosque rojo). En un solo día, un regimiento y parte de otro quedaron aniquilados. Los rusos también tuvieron miles de bajas.

El general Emilio Esteban-Infantes, segundo jefe de la División Azul.

chado en la cabeza de puente del Volshov y en el año 1942 en la llamada «bolsa de Volshov».[4] Ahora, con tropas diferentes, lo volvían a enviar a un lugar de peligro extremo. Lo dirigía el capitán Manuel Patiño, siendo el segundo jefe el capitán Aranda, y lo formaban las compañías 5.ª (teniente Acosta), 6.ª (capitán Müller), 7.ª (capitán Massip) y 8.ª de morteros y ametralladoras (capitán Olmedo).

El batallón se dirigía hacia el norte en una veintena de camiones que circulaban sobre los pésimos caminos helados y con los tremendos baches. De vez en cuando los soldados habían de poner pie a tierra para empujar los vehículos que se habían encallado. Otras veces deben parar por los gritos de algún soldado al que se le han congelado las manos o los pies. A primera hora del domingo 17 de enero de 1943, después de 13 horas de marcha, llegan a Sablino. A la madrugada siguiente, antes de que los españoles entren en combate, avanzadas soviéticas del 67.º Ejército y del 2.º Ejército de Choque se encuentran en Poselok 1, rompiendo así el cerco de Leningrado. Al norte del punto de contacto queda una bolsa de fuerzas alemanas que pudieron ser recuperadas por las tropas del general

4. Era una gran bolsa en la que los alemanes cercaron tropas soviéticas que intentaron romper el cerco de Leningrado en verano de 1942. Especialmente destacable es que fue allí donde los alemanes capturaron al general Andrei Vlasov, que después organizaría el ejército de los rusos colaboracionistas de los alemanes.

Werner Hühner, jefe de la 61.ª División, cuando la barrera rusa aún era frágil. Los combates se sitúan ahora en los montes de Sinevino, desde los que los alemanes aún pueden dominar en cierta medida el paso de material y la intendencia soviética hacia Leningrado. Los españoles se percatan del extremo agotamiento de los pocos soldados alemanes que ven.

La madrugada del 21 de enero el batallón español recibe la orden de marchar hacia el frente. El lugar de destino es Mga y Kelkolovo, donde el capitán Patiño se ha de presentar al general Hühner. Se ha de agregar al Regimiento 162 de granaderos (alemán) que dirige el coronel Vehrenkamp.

Mientras Patiño se reúne con los mandos alemanes para recibir instrucciones, el capitán Aranda y el batallón se dirigen, de noche, hacia el área del frente que, más o menos, les corresponde. La situación es muy confusa y el Regimiento 162 alemán no aparece por ningún lado. Los únicos datos que se disponen son que los rusos han cruzado el río Kornaia y se han infiltrado hacia el sur. Y también que no pueden verse tropas alemanas. De repente, tiros y explosiones los despiertan de su ignorancia. Caen muertos Aranda y ocho de sus hombres: se hallan en el centro de una brecha en las líneas alemanas. En la oscuridad de la noche invernal nórdica buscaban el frente… ¡y el frente son ellos mismos! En los alrededores no queda ni un alemán, pero sí grupos de soviéticos que penetran. Por otro lado, los españoles están agotados, ya que llevan horas sin comer y lo poco que llevan consigo está congelado.

En plena oscuridad, con absoluto desconocimiento del terreno, el batallón se despliega en abanico. A la izquierda, la 6.ª Compañía, en el centro, la 5.ª, y a la derecha, la 7.ª del capitán Massip. La 8.ª de morteros y ametralladoras se reparte para apoyar a las otras. Por otro lado, cada uno de los laterales intenta conectar con los alemanes que teóricamente se hallan en los flancos: por la izquierda, el Regimiento 176, y por la derecha, el Regimiento 366.

Como pueden, en plena noche, se van fortificando. Apilan troncos y ramas de árboles y las cubren de nieve, porque no hay tiempo para cavar trincheras. Además desconocen si al despuntar el día las cosas pueden verse más claras, si aquel lugar será o no la línea defensiva. Preparan sus posiciones para defenderse de ataques procedentes del norte, pero pronto empiezan los «pacos» —disparos aislados de francotiradores— desde el sur, que causan unas cuantas bajas. Eran grupos de soviéticos infiltrados en las líneas alemanas. Los españoles esperan el alba con ansiedad, pero cuando el día llega la situación empeora. Hacia las seis de la mañana de aquel día, 22 de enero, la tierra empieza a temblar por el fuego artillero, los antitanques y morteros enemigos. Las divisiones de infantería soviéticas 11.ª y 71.ª atacan el sector que ocupa el batallón español y algunas unidades del Regimiento 366 alemán. Entre los españoles hay numerosas bajas por no disponer de fortificaciones adecuadas. Aun más. Los antitanques rusos disparan a los soldados españoles que tienen a tiro o están sólo protegidos por ramas y nieve.

Siguen asaltos de infantería. Los rusos atacan con intensidad, valentía y moral alta, porque están consiguiendo grandes victorias, aunque también sufren numerosas pérdidas. Ante las ametralladoras españolas caen muchos soviéticos, pero olas de atacantes vuelven una y otra vez. La resistencia española es muy dura. Un soldado de ametralladores, Juan Ramírez, es un ejemplo. Herido tres veces, continua disparando y ante su máquina se amontonan los cadáveres enemigos. Recibe otro impacto de bala que acaba con su vida. Entonces, el cargador de la ametralladora aparta su cuerpo y continúa disparando en su lugar.

Hacia mediodía ya han muerto o están gravemente heridos seis oficiales y un centenar de soldados españoles. Los heridos no graves vuelven en seguida al combate tras una cura de urgencia. El capellán del batallón, de apellido Freixas, va de puesto en puesto dando la absolución a los vivos o la extremaunción a los agonizantes y a los que acaban de morir.

Las compañías 5.ª y 6.ª resisten. De la 7.ª no se sabe nada, porque se halla más alejada y las comunicaciones telefónicas se han cortado.

La odisea del capitán Massip

Todas las compañías que ocupan el sector[5] sufren muchas bajas y se defienden heroicamente, pero sería la 7.ª, la del capitán Massip, la más aislada, la que sufriría un duro holocausto.

5. En los documentos de la División Española de Voluntarios se la conoce como batalla del Poselok, pero en los textos más amplios de la Segunda Guerra Mundial referidos al sitio y las batallas de Leningrado se la denomina segunda batalla del sur del Ladoga.

Esta compañía había enlazado con los alemanes del Regimiento 366, formado por westfalianos, cuyo mando, Wengler, cedió a Massip dos dotaciones de ametralladoras como refuerzo. Massip crea tres posiciones defensivas, que están situadas en una zona sin vegetación. Una la dirige él personalmente, y las otras el teniente Castro y el alférez Abraín. Al frente de la sección de ametralladoras está el alférez Casas.

Acabados los bombardeos artilleros, los rusos salen del bosque y atacan las posiciones de la 7.ª Compañía. Fracasan, pero vuelven una y otra vez, dejando centenares de bajas. En uno de los bombardeos Massip es herido en la frente cuando iba de una posición a otra, pero continúa haciendo sus rondas.

Los rusos consiguen aislar la compañía penetrando por puntos desguarnecidos del frente. En una de las posiciones, Massip ve caer muerto a uno de los servidores de la ametralladora y ocupa su lugar. Poco después una bala le afecta el ojo izquierdo, que queda destrozado, pero pese a ello continúa disparando. Los informes que se reunieron de testimonios de supervivientes de este combate indican que en la cara del capitán Massip podía verse una pulpa viscosa del ojo destrozado que le había quedado congelada sobre la mejilla. Los soldados le pedían que se retirase, pero él se negó. Un sanitario le hizo una cura provisional y le vendó la cabeza, pero siguió luchando. Una bala le impactó en la pierna. Era la tercera herida, pero no abandonó.

Como ya no podía caminar, Massip se arrastraba por la línea de fuego. Los oficiales Casas y Abraín habían muerto. La segunda sección había quedado pulverizada por los bombardeos de los enemigos. Cinco de los seis soldados de las ametralladoras alemanes que están con ellos han muerto y el superviviente ha recibido la orden de retirada. Massip intenta en aquella situación emplazar las ametralladoras disponibles.

Hay nuevos ataques soviéticos, pero esta vez ya no vienen en masa sino en pequeños grupos. Massip da la orden de calar bayonetas y cuando se incorpora para lanzar una granada contra un grupo de rusos, una ráfaga acaba con su vida. Era el 22 de enero de 1943.

La 7.ª Compañía aguantó los ataques soviéticos hasta que los supervivientes recibieron la orden del Regimiento alemán de replegarse, porque tampoco éste podía aguantar el ataque de los soviéticos. Llevándose a los heridos y el cadáver del capitán Massip en una manta, se retiraron.

El mariscal Zhukov.

Al capitán Massip le fue concedida, a título póstumo, la Cruz Laureada de San Fernando, la máxima condecoración militar española. El expediente contradictorio que se abrió tras la concesión de aquel galardón —documento de fecha 4 de abril de 1943, firmado por el teniente coronel de Ingenieros Jorge Martorell Monar, jefe del primer negociado de representación de la División Española de Voluntarios— resalta aspectos complementarios, como la elevada moral que Massip había aportado a la tropa, el hecho de que el propio capitán catalán descubriese e hiciera prisionero a un soldado ruso agonizante entre las dos líneas y que por teléfono informaba a los suyos de las posiciones de los españoles y cómo liquidó a diversos grupos de atacantes soviéticos; también hace referencia a ataques aéreos enemigos y la fortísima preparación artillera soviética antes de los asaltos de la infantería...

Casi aniquilados

Mientras tanto, en aquella jornada, las otras compañías del batallón habían luchado también duramente e incluso habían realizado diversos contraataques.

Los días siguientes se produjeron algunos combates, pero menos importantes, y una parte de la actividad de los españoles consistía en buscar por los bosques a los compañeros que se habían perdido en las carreras, persecuciones, retiradas y contraataques, muchos de los cuales murieron o fueron hechos prisioneros de los soviéticos.

El 26 de enero cayó un proyectil en el puesto de mando del batallón e hirió a seis oficiales, un sargento y cinco soldados. El propio jefe del batallón, capitán Patiño, resultó también herido cuando comandaba una de las secciones.

En toda aquella batalla, los rusos habían conseguido una gran victoria al romper el sitio de Leningrado, pero no pudieron avanzar hacia el sur ni siquiera conquistar los montes de Sinevino. El pasillo abierto en el sur del Ladoga era estrecho, pese a lo cual instalaron rápidamente una línea férrea para proveer a la ciudad sitiada. El tren pasaba en algún punto a poco más de quinientos metros de las trincheras alemanas, y se convirtió en objetivo permanente de la artillería de la Wehrmacht, que destruyó muchas veces una vía que los soviéticos reconstruían una y otra vez. Mejoró el aprovisionamiento de Leningrado, pero sin regularidad hasta un año más tarde, con la liberación total.

Una vez el frente se estabilizó, el batallón español enviado al sur del Ladoga fue relevado. Para reunir a sus miembros con el resto de la División los esperaba su transporte: un camión. Y aún sobraba espacio. Del batallón quedaba un oficial —el teniente Soriano— seis sargentos y veinte soldados. En los combates habían tenido 124 muertos, 211 heridos, 92 desaparecidos, 66 con congelaciones y 12 enfermos.

El general de la División, Emilio Esteban-Infantes[6] recibió a los supervivientes el 2 de febrero de 1943. No era un hombre de discursos. Había quedado perturbado.

6. Emilio Esteban-Infantes fue el segundo jefe de la División. El primero fue el también general Agustín Muñoz Grandes. Éste era más líder, más político, más militar de acción, más admirado por sus soldados. A Esteban-Infantes se le considera más técnico, más organizador.

14

Sebastià Piera, de guerrillero soviético en el Cáucaso a falso teniente de la División Azul

Un grupo de guerrilleros comunistas españoles que actuaban en la URSS, entre ellos Sebastià Piera, recibieron la orden de realizar uno de los más audaces golpes de mano de los partisanos soviéticos contra los nazis.

Eran miembros de la Brigada Especial del NKVD (más tarde el KGB) del Ministerio de Interior. Este ministerio —Comisariado del Pueblo en aquel momento— había constituido una especie de ejército paralelo al Ejército Rojo. Lo formaban miembros del Partido Comunista de la Unión Soviética y de partidos homónimos de otras nacionalidades refugiados en la URSS, incondicionales del régimen. Los españoles se encuadraban en una compañía, la 4.ª, de aquella Brigada Especial. Habían sido preparados para actuar como fuerzas regulares formando grupos de guerrilleros.

La mayor parte de los españoles que en la Unión Soviética se integraron como fuerzas combatientes formaban parte de unidades de guerrillas distribuidas en dos grupos: la Brigada Especial del NKVD y la llamada Quinta Brigada Autónoma de Tropas de Ingeniería. Globalmente, la actuación de estos últimos es mucho más importante y arriesgada que las del primer grupo, lo que no invalida casos individuales inversos.

Orden de Beria y Stalin

En abril de 1943, la 4.ª Compañía de la Brigada Especial del NKVD se hallaba en el Kuban, al norte del Cáucaso, donde algunos de sus miembros realizaban acciones guerrilleras en la retaguardia enemiga.

Cuatro miembros de la unidad reciben la orden de presentarse urgentemente al Estado Mayor de la Brigada, que los envía hacia Krasnodar, la capital del Kuban, y allí, explica Sebastià Piera, «nos informan que debíamos trasladarnos inmediatamente a Moscú y presentarnos al Estado Mayor de la plaza de Moscú, a cuyo frente se hallaba el general Artemiev».

Viajan en avión hacia la capital, privilegio insólito para unos soldados rasos, ya que sólo podían acceder al transporte aéreo los altos cargos, mientras que para desplazarse por la inmensa geografía de la URSS el resto de militares y civiles habían de realizar interminables viajes en tren o, incluso, hacer autoestop en los camiones militares.

Sobrevolaron Stalingrado. Sólo hacía un par de meses que había finalizado aquella batalla: «Íbamos en un viejo y lento avión Dakota. Cuando sobrevolamos Stalingrado, el piloto lo hizo volar a baja altura para que pudiéramos ver el espectáculo. Era alucinante y horroroso. Kilómetros y kilómetros de ruinas. Era abril, época del deshielo e iban apareciendo por todas partes cadáveres de hombres y caballos», comenta Piera.

Piera y otro joven español, José Parra, «Parrita», explican que cuando llegaron a Moscú fueron recibidos por altos cargos del Comisariado del Pueblo del Ministerio de Interior de la plaza de Moscú, quienes les comunicaron que iban a ser instruidos para realizar una arriesgada misión que era iniciativa de Beria y del propio Stalin.

Parrita y Piera desconocían por qué los habían elegido para una misión de estas características. Eran comunistas convencidos y activos, pero por su juventud tampoco habían hecho méritos especiales. Supieron más tarde que los había reclamado otro español, José García Granda. Éste había sido comisario de batallón en la Guerra Civil española y, ya en la URSS, durante un tiempo ocupó cargos de mucha responsabilidad como radiotelegrafista de un centro que conectaba el Ministerio de Interior con grupos de partisanos que actuaban en Bielorusia, Rusia Central y Ucrania. Asimismo, fue instructor de oficiales soviéticos en Técnicas de Telecomunicación. Como era un hombre de acción y no le gustaban estos «trabajos», solicitó ir como guerrillero. Un día de marzo de 1943 fue llamado por Serguei Ivanovich Bolokitin, «Sergó», un jefe soviético que se preparaba para ir a dirigir núcleos de partisanos en la retaguardia enemiga, y le preguntó si se veía capaz de preparar un grupo selecto de guerrilleros españoles para una operación importante. García Granda —los españoles lo conocían por su segundo apellido— respondió afirmativamente.

Granda explica que «José del Campo, que había sido comisario de "El Campesino" se encontró conmigo en Moscú. Los dos nos pusimos a recordar nombres de miembros de la 4.ª Compañía que, por su juventud, audacia e inteligencia podían ser útiles para esta misión. Propusimos a Sebastià Piera, Rafael Pelayo, Vicente de Blas y José Parra. Pocos días después de entregar sus nombres al mando del NKVD llegaron a Moscú procedentes del Cáucaso».

Eliminar a un comisario general

Son sometidos a un entrenamiento muy riguroso para asumir la preparación de un comando que ha de actuar en la retaguardia enemiga en una misión muy exigente, pero se añaden algunos elementos diferentes a los de otros grupos de guerrilleros: lucen uniformes y condecoraciones de la Wehrmacht. «Un día —explica Piera—, nos hicieron vestir con los uniformes alemanes completos y nos dejaron en una habitación. Después de esperar algunas horas nos dijeron que ya podíamos quitárnoslos y volver a nuestros emplazamientos. La misma operación se repitió durante ocho o diez días consecutivos, lo que nos producía incomodidad porque nos parecía una pantomima. Un día, finalmente, vino un fotógrafo, nos hizo unas fotografías y nos entregó documentación oficial de la Wehrmacht. Nos explicaron también que los días anteriores nos habían vestido así con los uniformes porque Stalin quería vernos. Todas las tardes se esperaba la llamada del Kremlin pero una y otra vez la audiencia se anulaba porque las obligaciones del líder soviético le impedían recibirnos.» A Stalin le gustaba participar en todo aquello que hacía referencia a las guerrillas y tenía interés en comprobar si los hombres escogidos para misiones de especial trascendencia respondían a criterios de selección adecuados, o ver detalles como la mimetización de este grupo de españoles convertidos en oficiales enemigos.

La preparación del grupo —simultánea a la de núcleos soviéticos y de otros países— se hacía a las ordenes de los generales Etingon y Sudoplatov. El primero era un hombre cercano a Beria[1] que residió en diversas dachas próximas a Moscú. Una de ellas había sido de Iagoda, comisario de Interior fusilado por orden de Stalin, y el grupo guerrillero hubo de desalojarla porque se iba a instalar el Comité de Liberación de Alemania.[2]

Tras algunos meses de preparación, fueron informados del objetivo final de la acción encomendada: eliminar al comisario general alemán de los Países Bálticos, Von Reitel, que tenía su sede en Vilnius.

Puede resultar paradójico en una primera observación que se asignase una misión como ésta a un grupo de españoles, cuando los soviéticos disponían no sólo de miles de guerrilleros rusos o bielorrusos, sino también polacos y de los mismos Países Bálticos, mejores conocedores de aquellas tierras, sus idiomas y costumbres. La decisión, no obstante, había sido valorada a conciencia: en los Países Bálticos se hallaba la retaguardia, los servicios y los hospitales de la División Azul. Aquel grupo se haría pasar por oficiales de la División Española de Voluntarios.

La acción se enmarca en la línea trazada por Stalin y Beria de eliminar a los comisarios alemanes de los países ocupados. Ya lo habían conseguido con el comisario general de Ucrania y ahora intentaban repetirlo con el de los Países Bálticos.

Al grupo le asignaron también como misión secundaria —siempre después de haber realizado la anterior— intentar capturar al jefe de la

1. Etingon estuvo en España durante la Guerra Civil. Era conocido con el nombre de «Kotov». Según manifestó en 1957 ante el Subcomité del Congreso norteamericano, quien había sido responsable del NKVD en España, Orlov, el citado Kotov había dirigido sabotajes y guerrillas en territorio nacionalista y en servicios de contraespionaje. Siempre según declaraciones de Orlov, Etingon fue amante de la comunista Caritat Mercader y convirtió al hijo de ésta, Ramón, en el agente que más tarde asesinaría a Trotsky. Ilya Ehrenburg señala en su obra *Vigilia de guerra* que «Kotov me inspiraba cierta desconfianza». Refiriéndose también a la guerra en España, el general Krivitsky habla de un tal general Akulov que organizó el espionaje militar en Cataluña. Algunos autores creen que Kotov y Akulov eran la misma persona. Etingon fue fusilado en la URSS en 1953, tras la ejecución de Beria, que era su jefe.

2. Comunistas alemanes que vivían en la URSS promovieron el Comité de Liberación de Alemania. En 1944 se formó la Unión Democrática de Oficiales Alemanes, al frente de la cual se hallaba el general Von Seidlitz, del VI Ejército, capturado en Stalingrado. Más tarde se adhirió el mariscal Paulus.

Los soviéticos pretendían provocar la máxima inflación en los territorios ocupados por los alemanes y, mediante sus agentes y guerrilleros, introdujeron cantidades enormes de moneda falsa.

División Azul pero, como explica Piera, no lo habían de matar sino hacerlo prisionero para utilizarlo con finalidad política.[3]

Con el objetivo de saber cosas de la División Azul, lugares donde habían estado, vida de la unidad, nombres de los oficiales, relaciones con la población civil... fueron al campo de concentración de Cheropoviest y se entrevistaron —haciéndose pasar por comisarios— con los prisioneros de la División.

Cuando les pidieron qué nombre querían poner a su pequeña unidad, los miembros del comando decidieron por unanimidad «Guadalajara», como recuerdo de la derrota de los fascistas italianos en la Guerra Civil.

3. Cuando el comando se preparaba, en la primavera de 1943, el general Emilio Esteban-Infantes es quien dirigía la División Azul. Cuando la operación se pone en marcha unos meses más tarde, en 1944, la División ya ha vuelto a España y sólo permanece en el frente germanosoviético la llamada Legión Azul, formada por unos 2.500 hombres, equivalentes a un regimiento. La dirigía el coronel Antonio García Navarro.

Lanzados sobre territorio enemigo

La preparación del grupo «Guadalajara» es extremadamente lenta. Finalmente, en febrero de 1944, un bimotor Douglas despega de un aeropuerto de las cercanías de Moscú en dirección a la zona ocupada por los alemanes. Viajan cinco españoles —José del Campo sufrió una fractura de rodilla en los entrenamientos y no pudo continuar— con tres polacos que han de realizar otra misión en su país y Simone Krimker, una mujer judía de los Países Bálticos que había estado en España durante la Guerra Civil.

Se lanzaron en paracaídas a muy baja altura en un claro del bosque al nordeste de Vilnius, tras un viaje accidentado tanto por el mal tiempo como por algunos descensos en picado para evitar los focos antiaéreos alemanes. A Parrita se le abrió tarde el paracaídas y pese a caer sobre un grueso considerable de nieve, quedó muy afectado en la columna vertebral.

También llevaban paquetes de dinero con billetes falsos. Los soviéticos pretendían provocar la máxima inflación en los territorios ocupados por los alemanes y, mediante sus agentes y guerrilleros, introdujeron cantidades enormes de moneda falsa. «Llevábamos montones de dinero y lo dejábamos por todas partes», asegura Piera.

Los miembros del grupo se conocen más por sus nombres rusos que les pusieron en la URSS que por sus nombres españoles. Granda es Volodia, el nombre de Piera es Kolia (diminutivo de Nicolás), De Blas es Papanin e Iván, Pelayo es Serguei… Además llevan documentación falsa, con nombres y datos españoles, como miembros de la División Azul. Granda es capitán, mientras que Parra, Piera y Blas son tenientes. Sólo Pelayo queda como soldado raso, porque figura como ayudante de los otros, lo que les otorga una mayor apariencia de autenticidad. Sebastià Piera es Fernando Mora Verdú, condecorado con la Cruz de Hierro. Parrita, que habrá de realizar algún viaje complementario por territorio enemigo, tiene diversos nombres falsos: José Ríos Penalva, Luis Mendoza Peña y Ángel Blanco. Utilizaría uno u otro cuando fuera a Vilnius con Pelayo para comprobar que la documentación que llevaban les permitía moverse libremente y con tranquilidad.

El grupo «Guadalajara» fue reuniendo información de cara a la operación, e incluso confraternizaban con miembros de la Legión Azul. En esta época, marzo-abril de 1944, se produce el retorno a España de la Legión, aunque algunos pequeños grupos del personal de servicios quedaron allí algunos meses. Los miembros del comando actúan a menudo como provocadores de alborotos entre alemanes y españoles de la Legión. Por su parte, Parrita comprobó que había núcleos de guerrilleros polacos que colaboraban con los alemanes, lo que pudo comunicar a Moscú, por lo que le felicitaron por la documentación conseguida.

El pequeño núcleo de españoles tiene su base en un destacamento guerrillero soviético situado al sur de Vilnius, cerca de Mileika. Lo dirige el coronel Casimir y uno de los miembros es Sasha, que más tarde sería secretario general del Partido Comunista de Lituania y miembro del gobierno de esta república.

Diseño de la operación

Piera explica que «después de unos tres meses de permanecer en la zona, todo estaba preparado para el golpe. La forma de entrar en el edificio de mando alemán consistía en solicitar una audiencia al comisario general con el fin de presentarle una petición reivindicativa. Era una fórmula prevista en las ordenanzas militares alemanas, que exigía solicitar la audiencia por escrito. Una vez recibida la respuesta comunicando fecha y hora, había que presentarse la jornada correspondiente en el puesto de guardia del edificio.

»Gracias a la información suministrada por gente que trabajaba en el servicio de limpieza y que colaboraba con los guerrilleros, conocían perfectamente la distribución interna del edificio, lugares donde se hacía la guardia, ubicación de los despachos, escaleras, puertas, etc.»

Sebastià Piera.

Piera sigue explicando que decidieron que «dos de nosotros iríamos al despacho del comisario alemán y, utilizando una pistola con silenciador, lo liquidaríamos. Hasta el último momento, y a suertes, no se decidiría quienes serían los dos que entrarían en el despacho. Teníamos claro que eran mínimas las posibilidades de supervivencia de los autores materiales del atentado, porque era obvio que, antes de salir, y aunque no se pudiera oír el disparo, los ayudantes y miembros de la guardia del Comisario General se darían cuenta de lo que había pasado y obrarían en consecuencia».

Piera hace una anotación final con más convencimiento que ironía: «Los dirigentes soviéticos nos habían prometido que si conseguíamos liquidar al responsable nazi seríamos distinguidos como Héroes de la Unión Soviética».

Cuando se preparaba la operación recibieron refuerzos. Un alemán al que conocían como Willy, que había formado parte de las Brigadas Internacionales en la guerra de España y que hablaba perfectamente español, y un artista de cine soviético llamado Kolia, que habían participado en la operación para liquidar al comisario general alemán de Ucrania.

Ofensiva soviética

Se perfilaban los últimos detalles antes de solicitar la audiencia cuando, precipitadamente, el mando alemán de los Países Bálticos evacuó la zona en una noche por el inicio de una gran ofensiva soviética.[4]

Piera explica que comunicaron por radio a Moscú el cambio de planes y «nos ordenaron junto con los guerrilleros soviéticos del destacamento que intentásemos realizar el atentado estuviera donde estuviera el mando alemán. Penetramos en Prusia oriental, en los bosques de Augustov Liesov, territorio del Reich. Allí, no obstante, no sólo no había partisanos soviéticos sino que la población alemana nos recibía con balas cuando llegábamos a una casa de campo. Además, el bosque era limpio y el terreno llano, con mucha visibilidad, diferente de los bosques de territorio soviético, llenos de arbustos. Nuestro destacamento sufrió mu-

4. Los miembros del comando no hablan de ello directamente pero se trata de la ofensiva de Bielorrusia, una de las más importantes realizadas por los soviéticos, que, pese a ser poco conocida en Occidente, es probablemente la que causó más bajas a los alemanes en toda la guerra. Empezó el 23 de junio de 1944, un día después del tercer aniversario del inicio de la invasión de la URSS por parte de los alemanes. Con esta ofensiva, los soviéticos aislaron numerosas fuerzas alemanas en la zona de Minsk y el Báltico, penetraron en Prusia oriental y llegaron a las puertas de Varsovia. Allí se detuvieron y permitieron que los nazis hicieran una matanza entre los polacos de la capital, que se habían levantado en armas.

Emblema del NKVD.

chas bajas, razón por la que nos comunicaron por radio la orden de abandonar el proyecto e ir al encuentro de las tropas soviéticas de Rokossovski, que estaban avanzando».[5]

El destacamento —los cinco españoles y un centenar de soviéticos— retrocedió hacia el este, pero el viaje no fue tranquilo. Aún en territorio polaco, estuvimos tres días cercados en unas marismas por guerrilleros colaboracionistas de los alemanes. Piera recuerda que españoles y soviéticos se quedaban en las pequeñas islas alrededor de los árboles, porque si caían en ciertos lugares, se hundían. Era una especie de arena movediza. «Aún recuerdo cómo a pocos metros de donde me hallaba se hundía lentamente un caballo que llevábamos. Cuando sólo podía verse ya una parte de la cabeza, sus ojos parecía que nos llamasen con angustia para que lo socorriésemos.»

Piera y Granda explican que estuvieron tres días sin más comida que algún hierbajo y sin poder beber el agua infestada de las marismas. Tampoco sus perseguidores se atrevían a entrar en la zona, pero los sitiados no podíamos esperar días y días hasta morir de inanición. «Propusimos —dice Granda— atacar en tromba y abrirnos paso, aunque murieron muchos soviéticos y otros quedaron heridos.» Piera añade: «Cuando huíamos tuvimos que atravesar un campo de trigo. Yo tenía tanta hambre que corriendo sin parar iba arrancando espigas que todavía no habían madurado y me iba llenando los bolsillos».

En su huída hacia el este, llegaron al río Niemen, donde atacaron a tropas de una de las muchas columnas alemanas que se retiraban. Poco después conectaron con las avanzadillas soviéticas.

En las últimas jornadas de marcha se produjo la «deserción» de Rafael Pelayo. En realidad no lo hizo para pasarse al enemigo o para dejar de luchar. Quizá por espíritu aventurero, cuando su grupo finalizaba la misión él se incorporó a una compañía soviética con la cual siguió combatiendo hasta ganarse una gran consideración por su simpatía y auda-

5 El general, luego mariscal, Konstantin K. Rokossovski fue uno de los más destacados militares soviéticos. Mandaba las tropas que en esta ofensiva de Bielorrusia llegaron al Vístula, a las puertas de Varsovia. Después mandó el 2.º Frente Bielorruso, que llegó al Báltico, aislando a las tropas alemanas de Prusia oriental, y conquistó el norte de Alemania.

cia. En Moscú, entre los españoles de la 4.ª Compañía del NKVD, se solicitó que lo fusilasen. Los soviéticos se negaron, porque en ningún momento había cometido traición o rechazado luchar contra el enemigo, pero cuando Pelayo se reincorporó a su unidad, los españoles le dieron la espalda.

Liberar al hijo de Stalin

La narración hecha por separado de los miembros del grupo «Guadalajara» son coincidentes en el total de datos aportados, con algunos pequeños detalles que difieren. Además de los dos objetivos mencionados —el principal, la liquidación del comisario general alemán, y el segundo, capturar al jefe de la División Azul—, podía haber un tercero sobre el que los protagonistas discrepan: liberar al hijo de Stalin, prisionero de los alemanes desde el verano de 1941.

García Granda, responsable del grupo y hombre muy mesurado, señala que nunca hablaron del tema. Sebastià Piera asegura que pudieron enterarse de su intervención en la operación mucho más tarde de haber acabado su trabajo en territorio enemigo. Pero Parrita lo asegura y se reafirma en ello. Señala que «se estaba preparando una operación para intentar liberar del campo de concentración al hijo mayor de Stalin. Me lo reveló, con gran secretismo, la chica de los Países Bálticos que iba con nosotros, Simone Krimker». Parra, no obstante, desconocía cómo habían de intervenir los españoles. La acción no se llevó a cabo y, de todas maneras, al finalizar la guerra se supo que el hijo de Stalin, Yákov Dzhugashvili, había muerto en el campo de concentración alemán.

Sea como fuere, el grado de realidad de este último objetivo —que en cualquier caso no fue ordenado por Stalin, que siempre se negó a que se realizasen acciones en beneficio de su familia—, es sin duda el aspecto más novelesco de la operación y el que hubiera podido tener una mayor proyección internacional.

15

Comandos «ingleses» preparados contra Franco

El 8 de noviembre de 1942 y los días siguientes, cuando se produjo el desembarco angloamericano en el norte de África, es el momento álgido de una posible entrada de España en la guerra. Los aliados llegan a las fronteras del protectorado de Marruecos y el Sáhara, cerca de las Canarias y de la Península. Y los alemanes se hallan en la frontera francesa. El territorio español —y particularmente el estrecho de Gibraltar— adquiere una relevancia geoestratégica extraordinaria, superando la ya importante de los años anteriores.

Son días clave de la Segunda Guerra Mundial. Se conoce la gran historia, pero hay microhistorias que no han trascendido: en una base inglesa se preparan comandos para ser lanzados en paracaídas sobre el norte de España para colaborar con las guerrillas existentes o para crear algunas nuevas, en el caso de que Madrid hubiera entrado en guerra contra los aliados.

La Number One Spanish Company

En Inglaterra más de 300 españoles constituyen la llamada Number One Spanish Company (NOSC), del Cuerpo de Pioneros.

El núcleo principal de la unidad lo formaban exlegionarios franceses que se habían negado a continuar bajo la bandera francesa tras la derrota. La mayoría habían luchado en Narvik y en la fase final de la invasión alemana en Francia. Llegados precipitadamente a Inglaterra en barcos de evacuación, protagonizaron un sonoro «No» al general De Gaulle cuando les pidió que se sumasen al ejército de la Francia Libre que empezaba a formarse, y también rechazaron volver al norte de África con el resto de unidades fieles al Gobierno de Vichy. Tras diversos estira y afloja, de amenazas de prisión y de rebelarse públicamente en la estación de Bristol negándose a embarcar, los ingleses aceptaron que aquellos insatisfechos y rebeldes legionarios «franceses» se incorporasen a las fuerzas británicas. También había fugitivos del territorio español a través de Gibraltar y civiles y miembros de las Compañías de Trabajo huidos de Francia tras diversas odiseas. El contingente fundamental de la compañía se alistó en el Ejército británico el 24 de julio de 1940 en Westward Ho, en el centro de Inglaterra.

Una compañía británica de Pioneros tenía entonces 280 hombres, pero la NOSC superaba los 300. Inicialmente la dirigía el mayor R. D. Smith, pero al retirarse por edad lo sustituyó el capitán A. I. Chapman, su auxiliar anterior, que ascendió a mayor y que para todos sería a partir de entonces «el comandante». Era un granjero argentino de nacionalidad británica. Con él estaba el capitán L. de Lara, británico pese a su apellido, nacido en Sudáfrica. Los tenientes eran también británicos así como una parte de los NCO (sargentos y cabos), aunque entre éstos también había españoles. El español que llegó a un nivel más alto en la jerarquía de la unidad fue el sargento mayor Jurado, que ya no era NCO sino WO (oficial).

El Pioneer Corps es auxiliar. No se prevé que sus miembros vayan a primera línea sino que realizan tareas complementarias del cuerpo de Ingenieros: construyen fortificaciones y comunicaciones, transportan armas y municiones, vigilan depósitos y polvorines, llevan suministros a las unidades de combate…

Los británicos se dieron cuenta de que, según como evolucionase el conflicto, podían dar valor a aquellos españoles ultrapasando la escasa importancia militar de unos pocos centenares de soldados en un conflicto donde los combatientes se contaban por millones o decenas de millones en cada uno de los bandos. Dependía en buena medida de la actuación del Gobierno de Madrid, que en aquella época —segunda mitad de 1940— era claramente germanófilo. Si España entraba en guerra, la utilidad de aquellos «británicos» antifranquistas podía multiplicarse. Por ello la instrucción militar que recibían aquellos tres centenares de pioneros era superior a la de los miembros de un simple cuerpo auxiliar. La mayoría eran veteranos de guerra de España y del Ejército francés.

Una muestra del interés de los ingleses por aquellos españoles es que, desde el primer momento, la NOSC tuvo prioridad en la dotación de armamento, en un período en que los británicos iban escasos. Francesc

El Pioneer Corps se dedicaba a organizar fortificaciones y comunicaciones, a transportar armas, a vigilar depósitos y polvorines y a llevar suministros a las unidades de combate.

Balagué recuerda que «nos dotaron de armamento completo, con ametralladoras y fusiles ametralladores en todas las secciones. Un oficial nos dijo que éramos una de las unidades mejor dotadas del Ejército británico en aquellos días. Fuese exacta o no esta afirmación, puedo asegurar que en el centro de instrucción de Westward Ho había fuerzas inglesas entrenándose con fusiles de madera porque no había armas para todos».

Los ingleses trataban de envolver de gran discreción a los españoles enrolados para evitar complicaciones con Madrid. El alistamiento de exiliados —y, por tanto, declarados antifranquistas— podía resultar un obstáculo en unas relaciones que los ingleses tenían interés en que no se deterioraran dando pretextos a Franco para sumarse al Eje. De todas maneras, la embajada española en Londres tenía conocimiento de aquella unidad.

Tras un breve período de instrucción, la Compañía se trasladó a Plymouth, donde construyeron fortificaciones en la costa en previsión de una posible invasión alemana, ensancharon caminos, talaron árboles para hacer acumulación de combustible... En la zona murieron algunos soldados por los bombardeos de la Luftwaffe.

Alistamiento de comandos

Además de la instrucción general a la compañía, los británicos realizaron un sigiloso reclutamiento en el seno de la NOSC. A nivel individual o en círculos restringidos hacían propuestas para enrolarse en misiones «de una cierta importancia y alto riesgo». Lo proponían solamente a aquellos que consideraban aptos como comandos, por sus condiciones físicas, temperamentales e intelectuales. En ningún momento se les dijo abiertamente el motivo de su reclutamiento, pero estaba claro que no era sólo para luchar contra los alemanes. Balagué asegura: «Nunca nos explicaron claramente que nos preparaban para actuar en territorio español, pero era evidente».

Unos cuarenta hombres de la compañía fueron alistados en los comandos y entrenados en pequeños grupos en lugares apartados y con gran secretismo. Josep Vaqué señala: «Nos hicieron firmar un documento en el que prometíamos no divulgar nuestra actividad». Esteban Molina recuerda que nunca podían decir que eran españoles, y que si alguien los oía hablar en castellano, tenían que hacerse pasar por latinoamericanos. Otros ratifican la rigidez de aquel pacto de silencio y nunca pudieron explicar los detalles de aquel período.

La extrema discreción no impidió que el Gobierno de Madrid lo conociese. El espía Ángel Alcázar de Velasco[1] señala que no solamente en la embajada española en Londres sabían que había unidades formadas por exiliados sino que ha escrito que también «había comandos españoles de refugiados, algunos ya enrolados en las brigadas de choque del ejército inglés que, cuando se decidiese (por los responsables británicos), volverían a España a cumplir la misión que se les encomendase y para la que ya estarían dispuestos». En otros lugares se habla de los «reconquistadores de España», asegura que son «hombres fogueados en Noruega, donde han sido la mejor resistencia a la Wehrmacht puesta por los soldados de Su Majestad», y señala que «los combatientes de Narvik venían con ansias de lucha contra la Guardia Civil». Afirma, no obstante, que los exiliados eran tratados con despotismo «cuando exigían sus derechos de combatientes en Narvik». De todo ello se puede deducir que en la embajada de Londres, y por tanto Madrid, tenían un conocimiento bastante exacto de las actividades de aquel núcleo de exiliados.

1. Ángel Alcázar de Velasco lo confirmó personalmente al autor del libro. También lo escribió en su libro *Memorias de un agente secreto*, Plaza y Janés, Barcelona, 1979. Alcázar residió durante un tiempo en Inglaterra como espía proalemán y estaba en contacto con la embajada española en Londres.

Dado que cada *training school* instruía en una especialidad, los comandos pasaban por los más diversos lugares de Gran Bretaña. Aprendían defensa personal con armas y sin ellas, morse, utilización de diversos tipos de armas, realizar voladuras y sabotajes, salto en paracaídas, escalada, atravesar ríos, marchas nocturnas, cartografía y orientación... Caso curioso es que en el lago Ness —famoso por el supuesto monstruo— en Inverness (Escocia), fueron adiestrados en la utilización de lanchas y piraguas.

En las prácticas algunos se lesionaron. El caso más grave fue el de Teodoro Fernández Fernández, dañado en la columna vertebral en un mal salto en paracaídas y curado gracias a una intervención quirúrgica del doctor Trueta.

Una iniciativa de Hoare

La creación de los comandos españoles fue una iniciativa del embajador británico en Madrid, Samuel Hoare (lord Templewood), que se avanzó a los acontecimientos: si España entraba en la guerra junto a Alemania, o ésta ocupaba la Península, los británicos intervendrían potenciando un movimiento guerrillero del cual los comandos serían promotores e instructores.

Contrasta con la política oficial que mantuvieron Hoare y el Foreign Office, dirigida a mantener la neutralidad española, que consideraban ventajosa para el Reino Unido. Por eso el embajador se negó siempre a ayudar, material o moralmente, a la oposición armada antifranquista. En mayo de 1941, Hoare pensó que la invasión alemana de la península Ibérica era inminente y que el Ejército español no tenía capacidad para detenerla, además de que eran evidentes las explícitas simpatías proalemanas de una buena parte de los mandos españoles, lo que le llevó a pensar que muchos militares no se enfrentarían a los hitlerianos. Es entonces cuando surge en el Ministerio de Asuntos Extranjeros británico el inicio de la formación de

Samuel Hoare.

comandos, que tendrían como objetivo la promoción de guerrillas en el norte de España.[2]

El reclutamiento y la formación de estos comandos se inician la primavera de 1941 pero su posible intervención no se concreta hasta el momento que se prevé inminente la entrada de España en la guerra.

En realidad Hoare estaba equivocado en sus previsiones.[3] En la primavera de 1941 Hitler tenía puesta su atención en la Unión Soviética, que invadió a partir del 22 de junio, por lo que España y, en general, el Mediterráneo, sur de Europa y norte de África —e incluso la propia Gran Bretaña— quedaron en un segundo plano. De momento había pasado el peligro de ocupación de la Península para controlar el estrecho de Gibraltar, pero emerge con más fuerza que nunca un año y medio más tarde, el 8 de noviembre de 1942, con el desembarco aliado en Marruecos y Argelia.

Era la Operación Torch (Antorcha), uno de los golpes más audaces realizados hasta el momento en la guerra, que sorprendió totalmente al Eje. Quinientos barcos componían la flota aliada, de los que 130 eran buques de guerra, había 11 portaaviones, 6 acorazados y 15 cruceros. Desembarcaron dos divisiones acorazadas y cinco de infantería, además de numerosos grupos de comandos, unidades especiales y tropas aerotransportadas. En toda la operación desempeñaron un papel muy importante las bases aérea y naval de Gibraltar.

La carta de Roosevelt

La neutralidad española era vital para el éxito de la operación aliada en el norte de África. En la madrugada de aquel 8 de noviembre, mientras las primeras fuerzas angloamericanas ponían pie a tierra en África, el embajador americano en Madrid, Carlton Hayes, entregaba a Franco una carta del presidente Franklin D. Roosevelt que empezaba así: «Que-

2. Foreign Office 371-26.890 C. 6.339.

3. En la primavera de 1941 los alemanes ocuparon Yugoslavia y Grecia, y realizaron la operación de Creta, la más importante aerotransportada hasta aquel momento. Por otro lado, Rommel había ido a África unos meses antes para ayudar a los italianos y demostraba su capacidad como estratega desarbolando a los ingleses. Hoare pensó que todo aquello significaba que los alemanes iban a centrar su iniciativa en el Mediterráneo.

ridísimo Generalísimo Franco» y acababa con la frase: «me reafirmo, querido general, como su amigo más sincero», insólita cordialidad si se piensa que sale de un político abiertamente hostil al régimen de Madrid y que nunca había sentido afecto por el caudillo. Después de una breve descripción de la operación militar, Roosevelt asegura al jefe del Estado español que las fuerzas aliadas no atacarán ni el territorio español ni sus posesiones en África y le dice que «España no ha de temer nada de las Naciones Unidas».

En paralelo a la vía diplomática, los estados mayores aliados han elaborado planes de respuesta inmediata ante una eventual intervención española o la penetración de tropas alemanas en la Península para cerrar el estrecho de Gibraltar. El más importante y elaborado con sumo detalle es el Plan Blackbone de ocupación del protectorado español en Marruecos y el bloqueo marítimo del Estrecho con el fin de impedir el traslado de refuerzos españoles o alemanes a África.

Sólo como anteproyectos hay también diversos planes para desembarcar en la Península, uno de ellos en el golfo de Rosas.

Preparados para ir a España

Muchos integrantes de la Legión Extranjera francesa en Marruecos y Argelia y otros que estaban exiliados o que incluso eran simples emigrantes, se reincorporaron a la guerra a partir del desembarco aliado en

La Operación Torch fue uno de los golpes más audaces realizados hasta el momento, que sorprendió totalmente al Eje.

Emblema del Pioneer Corps.

África. Los preparados para intervenir de manera inmediata en España eran los comandos que procedían de Inglaterra.

Conrado González, uno de ellos, explica que «durante cerca de 48 horas permanecimos en el interior de un avión de bombardeo Lancaster preparado para despegar con la misión de lanzarnos en paracaídas sobre territorio español. El mando británico estaba convencido de que las tropas de Hitler atravesarían la frontera pirenaica con la aprobación de Franco y se dirigirían hacia Gibraltar. Todos íbamos con ropa fabricada y confeccionada en España, llevábamos moneda y tabaco español, algunos llevábamos txapelas o alpargatas. Se había pensado hasta el último detalle con el fin de que no llamásemos la atención. Estaba previsto que si la guerra se generalizaba en la Península, cada uno de nosotros iría a su región, donde conocía el territorio, la lengua o el dialecto. No nos gustaba nada actuar en aquellas condiciones. En el caso de ser detenidos ya nos podían dar por muertos, porque la indumentaria de paisano nos impedía ser considerados soldados. Por suerte, el avión no salió, y con enorme alegría volvimos a nuestra unidad».

España no actuó. Y los alemanes estaban demasiado atareados en atender simultáneamente los diversos frentes donde luchaban en clara inferioridad numérica y con dificultades crecientes, por lo que se limitaron a ocupar la Francia de Vichy sin entrar en la Península, aunque durante los meses siguientes su Estado Mayor elaboró diversos planes de invasión, que tampoco se pondrían en marcha.

Los comandos españoles en Inglaterra quedaron en hibernación. Más adelante, el claro mantenimiento de la no beligerancia del Gobierno de Madrid —y en 1943 el retorno a la neutralidad— dejaban sin razón de existir unos comandos preparados para actuar en el territorio español, por lo que aquel colectivo se reincorporó a la NOSC. Una decena, no obstante, tardaron más, ya que se incorporaron a misiones de comando e información en territorio francés en el período previo al desembarco de Normandía.

16

Los héroes del Volturno

El 1 de octubre de 1943, la 7.ª División Acorazada Británica entró en Nápoles, ciudad que se había levantado en armas contra los alemanes. Pocos días después, tropas de aquella División llegaron al río Volturno.

Una división memorable

Unos cuantos supervivientes españoles de los comandos británicos de Creta y Egipto se incorporaron en 1942 a uno de los batallones Queen's (de la reina), unidades de infantería consideradas de élite, con las que participarían en combates en el norte de África y Europa, a partir de la batalla de El Alamein.

El Queen's Royal Regiment —la sede del regimiento se hallaba en Gilford (Surrey), al sur de Londres— tuvo a tres de sus batallones[1] en la 7.ª División Acorazada, la formación blindada británica que ostenta el récord de permanencia en los frentes de la Segunda Guerra Mundial y es una de las unidades más destacadas.

La 7.ª División se había formado en el año 1940 a partir de lo que se llamó la División Móvil de Egipto, y durante un año fue la única división acorazada que los británicos tenían en el norte de África, formando parte del 8.º Ejército, que luchó primero contra los italianos y después tam-

1. En estos años de la Segunda Guerra Mundial, las unidades Queen's son las siguientes: el 1.º y el 2.º Batallón constituían fuerzas regulares que combatían en Birmania y en otros frentes del sudeste asiático; los batallones 1/5, 1/6 y 1/7 forman la 131 Brigada, integrada en la 7.ª División Acorazada; y los batallones 2/5, 2/6 y 2/7 constituyen otra brigada incorporada a la División 56.ª, que lucha en Túnez e Italia.

bién contra los alemanes. Entre 1940 y 1942 obtuvo grandes victorias y sufrió graves derrotas en este frente, donde los avances y retiradas de los contendientes se producían de forma pendular. Así, cuando a finales de 1940 los británicos inician su primera gran ofensiva contra los italianos, los éxitos son tan extraordinarios en Sidi el Barrani y Bardia (Libia) que en el historial de la División se dice que los prisioneros italianos «se habían de contar más por los acres de tierra que ocupaban que no por el número de hombres». En el transcurso de la misma ofensiva una parte de la División se adentró ciento cincuenta kilómetros en el desierto con el fin de bloquear a las tropas italianas que evacuaban Bengasi. Se rindieron 20.000 soldados, a cuyo frente se hallaba Annibale Bergonzoli[2] y otros cinco generales. Los ingleses capturaron 200 cañones y un centenar de tanques. Mussolini calificó de «ratas del desierto» a las fuerzas británicas autoras de la acción, denominación que el humor inglés asumió y transformó en mascota. Sería el símbolo de la División: en todos los vehículos se pintaría una rata enmarcada en un cuadro.

Los éxitos, no obstante, duraron poco. Pronto llegaron los alemanes para reforzar a los italianos y Rommel castigó a los ingleses incluso teniendo un número menor de tropas. La 7.ª División resultó casi aniquilada y su jefe, el general O'Connor, cayó prisionero. En la primavera de 1941 los ingleses se retiran a Tobruk después de sufrir varias derrotas.

Con nuevos efectivos y relevado el mando, la 7.ª participa en la ofensiva británica del invierno de 1941-1942, denominada «Crusader», que obliga a Rommel a retirarse hasta El Agheila. Antes de la ofensiva se ha incorporado a la División la 1.ª Brigada Ligera francesa, que dirige el general Koenig y de la que forman parte un centenar de españoles, excombatientes de Narvik y de Siria y adscritos a la 13.ª Semibrigada de la Legion Extranjera. En el transcurso de la Crusader, la 7.ª División consigue nuevas victorias y, cuando miles de italianos son capturados en la zona de Gazala, los españoles les gritan agresivamente: «¡Guadalajara, Guadalajara!», en recuerdo de la batalla de la Guerra Civil donde los republicanos también derrotaron a los italianos.

2. Bergonzoli era uno de los generales que estuvo al frente de las tropas italianas durante la Guerra Civil española. En el año 1937 dirigió la División Littorio, que —junto a las otras— fue derrotada en Guadalajara, aunque por otro lado fue una de las que conquistó Santander.

Erwin Rommel.

Rommel lanza su última ofensiva en la primavera de 1942 y derrota a los británicos, que se retiran hacia El Alamein. Los españoles de las fuerzas de la Francia Libre tienen una destacada actuación en Bir Hakeim, un área fortificada que resistió diversos ataques del Eje.

A partir del 24 de octubre de 1942 es Montgomery quien inicia el ataque británico que, sumado al desembarco aliado en Marruecos y Argelia, conduce a la derrota definitiva de italianos y alemanes en África. La participación de la 7.ª División en la batalla de El Alamein es secundaria, porque se limita a realizar ataques en el sur del frente con el objetivo único de inmovilizar la 21.ª División Panzer cuando los ingleses lanzan el ataque principal más al norte. Poco antes de la batalla de El Alamein, se había incorporado a la División la 131.ª Brigada, formada por los tres batallones de los Queen's antes citados.

Desde octubre de 1942 hasta mayo de 1943 fueron constantes las retiradas germanoitalianas en África. La 7.ª División se destacó en la persecución, sufriendo bajas por las minas que aquéllos iban dejando. Fue la primera unidad aliada que entró en las ciudades de Trípoli y Túnez, y se distinguió en los combates de la línea Mareth,[3] al sur de Túnez. En abril de 1943 recibió la orden de dejar el 8.º Ejército para incorporarse al 1.º, que atacaba a los germanoitalianos desde el oeste de Túnez.

3. La línea Mareth había sido construida al sur de Túnez por los franceses antes de la guerra, en previsión de los ataques italianos desde Libia. No estaba acabada y fue parcialmente desmontada en el año 1940, tras la derrota de Francia. Los germanoitalianos la recuperaron como línea defensiva en el año 1943.

En el frente de Italia

En julio de 1943 los aliados desembarcan en Sicilia, y más tarde en la península italiana. La 7.ª División lo hace en Salerno el 15 de septiembre.

Tras un período de *impasse*, los aliados empiezan a avanzar y la 131.ª Brigada combate duramente en Vietri, en la carretera de Nápoles. El batallón 1/5 —del que forman parte algunos españoles— lucha para conquistar un puente sobre el río Sarno en Scaltti y rechaza a las fuerzas de la División Hermann Goering. Tras entrar en Nápoles, el batallón llega al río Volturno, cuyos puentes habían sido volados. En el historial de la División se lee que algunas patrullas atravesaron el río a nado y localizaron las posiciones enemigas. Y en el historial del Regimiento Queen's se lee: «El Batallón 1/5 del Regimiento se desplazó hacia la ribera este del río, hacia la curva de Grazzanise, con la Compañía A a Santa María la Fossa. A la mañana siguiente, la Compañía B y la sección de asalto efectuaron diversos reconocimientos detallados, buscando posibles pasos del río, acciones que elogió el mando de la División. Los otros batallones se desplazaron hacia el área de Albanova, al sur del canal de Regi Lagni. El Batallón 1/6 quedó en la reserva de la brigada, en una posición incómoda y con mucho fango, a la espera del inicio de la batalla (...). El Batallón 1/7 se preparó para situarse en línea de fuego. Su sección de asalto, comandada por el teniente R. J. Ashworth, recibió las órdenes de comprobar si Grazzanise se hallaba aún en poder del enemigo. Continuaron hacia allí siguiendo la carretera paralela al canal. Quitaron las espoletas de unas 30 minas. Hacia las siete de la mañana llegaron a las afueras del pueblo, pero sufrieron nuevos retrasos por las minas y la tarea de hacerlas explotar. Un paisano les informó que el enemigo había atravesado el río, información que la patrulla comunicó a sus superiores. Como resultado de esta información, la Compañía C del Batallón 1/5 se desplazó a la población desde el flanco derecho: dos de sus hombres se sumergieron en el río y obtuvieron datos interesantes sobre su profundidad y las corrientes».

El escribiente del Batallón, J. W. York, relata que «dos españoles, uno de ellos llamado Vilanova, atravesaron como voluntarios la rápida corriente del río y obtuvieron una valiosa información sobre el enemigo. Eran muy buenos soldados y fueron recomendados para una condecoración por su acción».

Insignia del Queen's Royal Regiment.

El hecho sobrepasó el recuerdo de los miembros del batallón y fue recogido en la prensa. El 18 de octubre de 1943 unos titulares remarcaban que «Los primeros soldados británicos que han atravesado el río Volturno son dos españoles». El corresponsal de guerra John Larder escribe en *The Evening Sun* que «los dos primeros hombres de nuestras fuerzas que han atravesado el río Volturno (...), al norte de Nápoles, son dos jóvenes combatientes que ya se habían distinguido en los ejércitos republicanos de la Guerra Civil española y que ahora se encuentran en el séptimo año de la guerra sin interrupción, sirviendo a su tercera bandera (la republicana española, la francesa y la británica)». El corresponsal sigue explicando que se trata de Ferran Esteve, de veintiséis años y de Josep Vilanova, de veintitrés, que, «a última hora de la tarde del 7 de octubre (de 1943) atravesaron el río con una pistola y una bomba de mano. Penetraron media milla en territorio enemigo y efectuaron reconocimientos. La última noche (se refiere a la del 10 de octubre), como guías de una numerosa patrulla británica, atravesaron de nuevo el río y liquidaron una posición de centinelas enemigos custodiada por tres soldados. En la escaramuza posterior, el soldado Vilanova resultó herido en un brazo y en la espalda por el fuego enemigo. Ayudado por Esteve, consiguió llegar al río, atravesándolo de nuevo en barca hasta llegar a las propias líneas».[4]

4. Atravesar un río tan corto y tan poco conocido como el Volturno puede parecer algo de poca importancia, pero como es frecuente en el clima mediterráneo, en aquel octubre de 1943 las lluvias torrenciales habían multiplicado su caudal, la corriente era muy fuerte y las aguas bajaban turbias. Vale la pena recordar que en aquellos meses el avance aliado en Italia fue muy complicado, y no sólo por la muy tenaz y bien organizada resistencia alemana sino también por la climatología y el fango que producían las torrenciales lluvias.

17

Insurrección en la prisión de Eysses

Convoyes de reclusos de toda Francia confluyeron durante el año 1943 en el penal de Eysses, en el departamento de Lot-et-Garonne, a medio camino entre Toulouse y Burdeos. El objetivo de los alemanes, en acción ejecutada por el Gobierno de Vichy, parecía evidente: por un lado, concentrar en un solo punto, para vigilarlos mejor, a muchos presos considerados peligrosos. Por otro, establecer un sistema defensivo y provocar muchas bajas a los maquis si intentaban un asalto para liberar a los detenidos.

Entre los trasladados a este penal hay 82 españoles, la mayor parte de los cuales fueron capturados cuando participaban en la guerrilla o colaboraban de una u otra manera contra los ocupantes.

El penal tiene una larga historia penitenciaria. El edificio había sido una abadía benedictina que la Revolución francesa había convertido en prisión. En los años 1917 y 1934 se produjeron dos revueltas de prisioneros y se difundió que se trataba de menores obligados a trabajos forzados. En 1938 hubo una cierta «relajación» del régimen de la prisión, pero en 1940 un decreto de Vichy vuelve a dar al penal el nombre de Maison Centrale de Force.

La concentración de un número tan elevado de presos políticos y colaboradores de la Resistencia —muchos de ellos particularmente activos— provocó algunas acciones de protesta y reivindicativas en el penal, que llevaron a un cierto cambio en las normas y condiciones de vida, como la entrada de un mayor número de paquetes, más visitas, más posibilidades de paseo en el recinto penitenciario… En paralelo, no faltó entre los internos el adoctrinamiento para seguir la lucha contra el fascismo. De forma complementaria, se incrementó la actividad cultural, la enseñanza de idiomas, conferencias, etc.

Se prepara la evasión

La prisión se convierte en un vivero de resistentes que promueven una verdadera organización interna, forjando la idea de la evasión. Algunos de los carceleros colaboran con los presos y les facilitan contactos con el exterior. También consiguen entrar en el penal —generalmente por piezas— algunas armas enviadas por los guerrilleros que actuan en la zona cercana de Villeneuve-sur-Lot.

Para establecer contacto con las organizaciones resistentes del exterior, se decide que un interno italiano conocido como «Kléber» se evadirá y se pondrá en contacto con el Cuerpo Libre de la Resistencia, ya que el jefe del grupo Combat —uno de los movimientos gaullistas— les ha prometido armas. Por otro lado, se prevé un ataque del maquis al penal, que se combinaría con la insurrección interior.

Las previsiones, no obstante, no se cumplen. Ni las armas prometidas llegan ni tendrá lugar la operación externa de la Resistencia. La falta de colaboración exterior produjo desconcierto entre los responsables del interior del penal. Los motivos no fueron claros hasta que, unos años más tarde, lo explicó uno de los más famosos mandos guerrilleros, el coronel FFI Serge Ravanel —de nombre real Serge Asher—, dirigente del MLN y representante del COMAC (Comité Militar de Acción, dependiente del Consejo Nacional de la Resistencia). Ravanel había sido uno de los protagonistas de los hechos d'Eysses, y sus explicaciones aparecieron el 26 de marzo de 1959 en el semanario *L'Express*, respondiendo algunos párrafos del libro *Histoire de la Libération* de Robert Aron.

Tras recordar que en la prisión había cientos de resistentes, y que en diciembre de 1943 se decidió una gran operación de evasión en la que debían participar desde el exterior grupos gaullistas llegados desde diversos departamentos, especialmente desde Lyon, Ravanel dice que consiguió liberar a un preso con el fin de establecer un puente entre los Cuerpos Francos y los detenidos en el penal. Añade: «Yo hice que se pusiera en contacto este preso, que se hacía llamar "Tánger" con el jefe de los Grupos Francos de Tolosa, Joyeux-Joly, que había sido el encargado de hacerle llegar un cargamento de armas. Todos los detalles de la operación estaban a punto y sólo era necesario iniciarla, pero esto no sucedió. A finales de 1944 se supo el porqué: Al saber que Tánger era comunista, Joly había rechazado entregarle las armas prometidas. Tánger había dejado de confiar en nuestra voluntad de llevar a cabo la operación prevista e interrumpió los contactos. Algunas semanas más tarde, los detenidos en Eysses intentaron evadirse colectivamente. Pero no disponían de ninguna ayuda exterior y les faltaban armas. La evasión fracasó y después vino una represión feroz en la que fueron fusilados numerosos resistentes».

Este caso evidencia las diferencias y recelos entre comunistas y gaullistas, que se produjeron también en muchas otras situaciones.

La rebelión

La rebelión en la prisión se produjo el 19 de febrero de 1944. Hacía poco tiempo que acababa de llegar un nuevo director, de apellido Schivo, coronel de la milicia y hombre de confianza de Darnand, secretario de estado del Gobierno de Vichy, responsable del orden. El nuevo director, un «duro», se hizo cargo del centro penitenciario después de que el Gobierno francés cesara a los dos directores anteriores por ser «demasiado tolerantes» con los presos. En el transcurso del mes de enero de 1944 habían huido una cincuentena de presos del penal, la mayoría delincuentes comunes y algunos «políticos» que iban a la suya, al margen del colectivo formado por resistentes de todas las tendencias. Con Schivo se incorporaron también Alexandre y Latapie, dos lugartenientes que habían sido presos comunes, dispuestos a imponer disciplina.

El penal volvió al régimen anterior, separando rigurosamente a los presos por galerías, con lo que se preveía disminuir o anular la relación

Vista aérea del centro de Eysses.

entre los presos políticos. La nueva situación, más represiva, creó dificultades adicionales a un intento de evasión promovido por 1.200 internos que se estaba preparando. De todas maneras, la primera acción de protesta generalizada en Eysses fue un acto de solidaridad ante el posible traslado a Alemania de presos «administrativos», que no habían sido juzgados. Durante todo un día los presos se negaron a abandonar el comedor, cantaron *La Marsellesa* y se insubordinaron ante los GMR (Garde Mobile Républicaine) que los amenazaban con sus armas. Se consiguió anular el traslado a los reclusos «administrativos».

Los internos adoptan el «plan Bernard», nombre del jefe de la organización militar que había preparado la evasión, antiguo miembro de las Brigadas Internacionales en la guerra española. Sólo disponían de algunas metralletas Stern, diez pistolas y una treintena de bombas de mano, además de armas blancas. La base era el factor sorpresa para tomar el interior de la prisión. La acción consistiría en sustituir a los guardias auténticos por internos vestidos con los uniformes de los guardias de la prisión. Después se dirigirían al pequeño cuartel de los GMR para apoderarse de las torres de vigilancia. Acto seguido, coger los camiones que se hallaban fuera y trasladar, con documentación falsificada, a la masa de presos que habían de evadirse. Los evadidos se incorporarían al maquis de la Dordoña, donde precisamente uno de los capos más destacados era el catalán Carles Ordeig.

El día 19 de febrero de 1944 amaneció tranquilo, como una jornada más. Pero los presos que preparaban la evasión aprovecharon una inspección del Gobierno de Vichy para iniciarla. Cuando el cortejo que formaban el director, el inspector y los guardias llegaron a la sala del patio número 1, un grupo de presos se les echó encima, los desarmaron y desnudaron a todos. Después, algunos se vistieron con los uniformes. Fueron a llamar a los otros guardias e hicieron lo mismo, atándolos y amordazándolos. Todo iba según los planes previstos hasta que en un momento determinado unos reclusos comunes que volvían del jardín donde trabajaban se dieron cuenta que unos guardias detenían y registraban a otros guardias y empezaron a gritar. Un oficial detectó la anormalidad e hizo sonar las alarmas. Las puertas blindadas y las rejas empezaron a cerrarse y se produjeron los primeros disparos. El factor sorpresa había desaparecido.

En los primeros tiroteos resultó herido en la rodilla el comandante Bernard, principal instigador de la fuga. Se había iniciado un combate en el que los insurrectos tenían las de perder, ya que disponían de pocas armas. Llegaron refuerzos alemanes, dispuestos a bombardear el edificio, pero la ventaja de los internos era que tenían como rehén al prefecto, un subprefecto y docenas de guardias. Se les prometió que no habría represalias si se rendían, pero a pesar de ello los dirigentes de los insurrectos quisieron seguir adelante.

El libro *L'insurrection d'Eysses*[1] explica —con un lenguaje épico grandilocuente— la participación de republicanos españoles en la rebelión: «Llanos (asturiano), Portolés y Turiel (valencianos), junto a sus compañeros eran verdaderos comandos de la muerte. Estaban preparados, aunque fueran a pagar un precio muy alto, para atacar eventualmente las torres de vigilancia o para neutralizarlos (...) Los compañeros españoles se proponen tomar por asalto la torre noroeste (...) Su grupo apenas cuenta con una decena de hombres (...) Los minutos que siguen son emocionantes. Todos querían dar la mano a aquellos valientes. Los hay que incluso piensan que aquel ataque es una locura y que es insensato pensar que tendrán éxito. En aquel instante, ante la confianza tranquila de asturianos, castellanos, catalanes, por encima de todo teníamos ganas de darles las gracias y de compartir su fe.

»Pero el glorioso equipo dirigido por Llanos también se estrellará después de un inútil esfuerzo. Atacan con granadas por las ventanas de la enfermería. Debido a la altura de las aspilleras del mirador es imposible disparar a su interior. Las granadas que se lanzan corren el riesgo de herir a los miembros del equipo. Armados de picos y arietes, tratan de abrir una grieta dentro de la muralla.»

Los autores del libro siguen explicando que quien encabeza el grupo de protección propone la retirada, pero el grupo español se niega y siguen atacando. El joven leridano Jaume Serot resulta herido, pero no quiere retirarse, y cuando consiguen arrastrarlo hacia atrás, ya ha perdido mucha sangre. Este chico ha tenido seis hermanos que han sido fusilados por Franco o por los hitlerianos.[2]

Al final consiguen que los heroicos compañeros españoles abandonen sus vanos intentos. Vuelven con el rostro tenso. Azagra, herido en

1. *L'insurrection d'Eysses*, de l'Amicale des Anciens Détenus Patriotes de la Centrale d'Eysses, Éditions Sociales, París, 1974.

2. Este dato de seis hermanos fusilados, y después también él, parece más que dudoso. En cualquier caso, no ha podido ser confirmado.

José Fombona.

una rodilla, cierra el desfile. Desde entonces arrastrará su maltrecha pierna herida por la metralla.

«En el lugar de mando, ante el estado mayor del batallón, Llanos dirá, simplemente: "Hemos hecho lo que hemos podido. Hemos intentado derribar el muro con arietes, pero nos hacía falta dinamita".»

Los prisioneros vieron que debían negociar la rendición. El marsellés Henri Auzias habla por teléfono con el subprefecto, pero éste le responde que ya es tarde para negociar porque las autoridades francesas han pedido ayuda a las tropas de ocupación, que bombardearán la prisión a las cuatro de la tarde si antes no se han rendido los rebeldes. El jefe del penal Schivo habla por teléfono con la Guardia Móvil Republicana y les dice que lo han tratado bien y que ha prometido que no habrá represalias. Se produce la rendición.

La tarde del 20 de febrero de 1944 el propio Darnand entra en el penal. Se creó un tribunal de excepción y hubo rumores sobre un consejo sumarísimo que condenaría a los jefes de la rebelión. Se celebra el juicio, pero entre los internos se ha dado la instrucción de decir todos lo mismo: que se habían refugiado en la capilla y que no habían visto nada. Darnand dice que se ha de ejecutar a 50 prisioneros. Se condenaron a muerte a 12, que habían sido heridos. La herida era una prueba irrefutable del hecho que habían participado en la rebelión. Entre ellos se hallaba el joven Jaume Serot (anarquista) y Domènec Serveto Bertran. Otro español, Azagra, consiguió disimular sus heridas.

Cuando los iban a fusilar, la madrugada del 23 de febrero, uno de los jefes de los presos, leyó una condena a muerte de la Resistencia contra el director de la prisión y sus colaboradores. Los otros 38 condenados no fusilados fueron enviados, vía Blois-Compiègne, al campo de exterminio de Dachau, de donde no volvería ninguno.

En las semanas siguientes el régimen del penal se endurece, los interrogatorios no cesan y se incrementan los castigos. A principios de abril encierran en celdas de castigo a 9 presos, entre los que se hallan los españoles José Fombona y Jesús Fraile. El 30 de mayo de 1944 los 1.150 presos políticos del penal de Eysses fueron entregados a la Gestapo y trasladados al campo de Compiègne.

La expedición estará un mes en Compiègne, campo que es la antesala de la deportación a Alemania. El 17 de junio muere Félix Llanos, el asturiano que había dirigido a los españoles en la insurrección de Eysses. Poco después se prepara la expedición para enviar a todos los presos de Eysses y otros campos a Dachau. Ya se ha producido el desembarco de Normandía y la Resistencia actúa de manera muy activa. Las líneas ferroviarias son saboteadas una y otra vez, por lo que la salida del convoy es pospuesta diversas veces, hasta el 2 de julio. De los 2.521 hombres que salen de Compiègne en la expedición, sólo 1.537 llegan vivos el 5 de julio a Dachau. Los 984 que han muerto por el camino lo han hecho de hambre o asfixia al ser apilados en un enorme vagón. En uno de ellos sólo sobreviven tres hombres.

De los que sobreviven al viaje sólo una minoría permanecerá con vida cuando el campo sea liberado por las tropas norteamericanas unos diez meses más tarde.

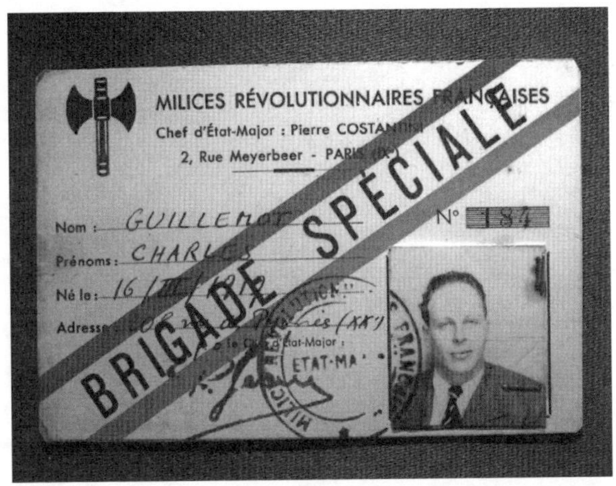

Tarjeta falsa de la Brigada Especial de las Milicias Revolucionarias Francesas del resistente Serge Ravanel bajo el pseudónimo Charles Guillemot.

18

Garbo engaña a Hitler

6 de junio de 1944. El servicio de espionaje alemán en Madrid recibe a las tres de la madrugada uno de los telegramas más atrevidos jamás transmitidos conscientemente por un espía. Lo envía desde Londres uno de sus agentes, que identifican como «Arabel», y comunica al Ejército alemán, a Hitler, que los aliados van a iniciar el desembarco en las costas del continente europeo. El telegrama llega unas tres horas antes de que las primeras tropas aliadas pongan el pie en las playas de Normandía y, en principio permitía alertar a las tropas del Reich que defendían el Muro del Atlántico.

Aquel telegrama, curiosamente, no sirvió de nada, porque los telegrafistas alemanes de Madrid no estaban al tanto aquella noche, y cuando unas horas más tarde lo transmitieron a Berlín, ya no hacía ninguna falta, porque el desembarco había empezado.

Otro telegrama enviado menos de 48 horas más tarde por el mismo agente comunicaba a Hitler que el desembarco realizado en Normandía era importante, pero se trataba de una maniobra de distracción ya que el ataque principal aliado se produciría en la zona de Calais. Este comunicado, teóricamente menos importante que el anterior, tendría un efecto decisivo en la batalla. Hitler y el Alto Estado Mayor alemán, que vieron en aquel telegrama la confirmación de sus sospechas sobre la intención del enemigo, paralizaron el envío hacia Normandía de importantes tropas acorazadas, lo que contribuyó de forma decisiva a consolidar las cabezas de puente de las fuerzas desembarcadas.

Tras estos telegramas se hallaba un barcelonés, nacido en la calle Muntaner, Joan Pujol García. Era un agente doble, «Garbo» para los británicos y «Arabel» para los alemanes. Él fue, junto con el equipo con el que trabajaba, quien engañó a Hitler.

Un gran «actor»

Joan Pujol tenía unas grandes cualidades interpretativas, teatrales, de simulación. Los ingleses lo llamaban «Garbo» como referencia a Greta Garbo, la famosa actriz, entonces ya un mito cinematográfico.

Bastante antes de los famosos telegramas de Normandía, había actuado como una especie de *free lance* del espionaje y había conseguido engañar a los responsables de la Abwehr, los servicios secretos del Ejército alemán. Los propios alemanes lo habían enviado como un agente suyo, pero él se había puesto a disposición de los ingleses y coordinaba con ellos las notificaciones que enviaba a Berlín vía Madrid. Había enviado a los alemanes numerosas informaciones, la mayor parte de ellas verídicas y tenía prestigio entre los altos cargos alemanes. Muchas de las informaciones contenían un engaño y resultaban inútiles para los alemanes, pese a ser reales. Por ejemplo, en diversas ocasiones comunicó que convoyes con suministro de material iban de América hacia Inglaterra. Ello podía permitir a los submarinos del almirante Doenitz que los atacasen, pero el momento de comunicarlo estaba curiosamente estudiado, de manera que cuando llegase la orden a los sumergibles ya no pudiesen atrapar a sus posibles objetivos.

De todas maneras, la más decisiva de las intervenciones de Joan Pujol se produzco con el desembarco de Normandía.

La Operación Fortitude

Los alemanes sabían que se preparaba el asalto a la «fortaleza europea». Ante ello los aliados pusieron en marcha planes para «intoxicar» al enemigo, para evitar que pudiera determinar el momento y el lugar del desembarco. La principal de aquellas actuaciones la realizaron los británicos: fue la Operación Fortitude, probablemente el mayor engaño de toda la Segunda Guerra Mundial. El historiador Charles Cruickshank dice que fue «la más amplia, la más elaborada, la más curiosamente planeada, la más vital y la que obtuvo más éxito de todas las operaciones fraudulentas realizadas por los aliados». La acción de los agentes dobles era fundamental para engañar a los alemanes y la actuación de Garbo fue la más destacada.

En el transcurso de unos meses se fueron filtrando de una manera u otra mensajes a los espías, con la finalidad de que llegaran a Berlín. Querían hacer creer a los alemanes en una sucesión de desembarcos de ámbito limitado cada uno de ellos, o de operaciones en Noruega y el canal de la Mancha. Obviamente, los alemanes no se creían todo aquello que sus enemigos querían hacerles creer.

Cuando el Alto Mando aliado decidió de forma definitiva que el ataque se realizaría en Normandía, se pensó que los objetivos clave eran establecer una cabeza de playa y, aquello que era más difícil, conservarla en caso de que se produjese un rápido y potente contraataque enemigo.

Durante meses, la línea principal de Arabel/Garbo se dirigía a dar a conocer a los alemanes la existencia de grandes concentraciones de fuerzas aliadas en el área de Dover, indicativa de que la invasión principal se produciría en Calais. También notificaba que había muchas otras tropas en Escocia, de lo que se deduciría que saltarían sobre Noruega. En el caso de Dover, los datos coincidían con las fotografías hechas por aviones de reconocimiento alemán. Lo que no sabían en Berlín era que muchos de los tanques, camiones y montañas de armamento detectados por sus aviones… eran de goma hinchable.

Informar al enemigo

Cuando faltaba poco tiempo para el desembarco, el MI5, el servicio de contraespionaje inglés, propone al Alto Mando del general Eisenhower —jefe supremo de las fuerzas aliadas en Europa— la conveniencia de informar a Berlín unas horas antes de que las primeras tropas hagan pie en tierra continental. Los concienzudos generales del Estado Mayor quedan alucinados:

El espía doble Garbo.

Momento del desembarco de las tropas aliadas en Normandía.

¡Cómo se ha de informar al enemigo del desembarco si precisamente la clave es el factor sorpresa! Es contrario a toda lógica.

El MI5 tiene datos para saber que aquella anticipación de la información de ninguna manera afecta al resultado de la operación y, al tiempo, aumenta la credibilidad del espía Arabel ante los alemanes y puede permitir posteriores engaños a Hitler. El servicio de contraespionaje de la Abwehr y la Wehrmacht necesita un mínimo de tres horas para retransmitir la advertencia del ataque a las unidades afectadas. El proceso es el siguiente: las comunicaciones de Arabel llegan codificadas a los servicios secretos alemanes en Madrid, quienes han de retransmitirlo a Berlín con nuevas claves, se han de realizar las consiguientes descodificaciones, pasar por los diversos niveles de mando hasta llegar a los más altos o el propio Hitler si los generales lo consideran conveniente, y a partir de aquí se produce la toma de decisiones y comunicaciones a los mandos de las tropas que están en la zona del canal de la Mancha, y de éstos a las diferentes unidades. Todo este proceso requiere no menos de tres horas. En consecuencia, si se envía la noticia a los alemanes unas tres horas antes del desembarco no servirá para nada, porque cuando la comunicación de Berlín llegue a las unidades ordenando prepararse, éste ya se habrá producido.

El Estado Mayor aliado, finalmente, comprendió que no había peligro y permitió la transmisión del comunicado. En la madrugada del 6 de junio Garbo enviaba el primero de los tres telegramas en el que anunciaba que la flota de invasión había zarpado de los puertos del sur de Inglaterra y se dirigía hacia el continente. Como se ha dicho, el servicio alemán en Madrid estaba cerrado aquella madrugada del 6 de junio y el telegrama no se retransmitió hasta horas más tarde, por lo que todo fue inútil.

La noche del 7 al 8 de junio llegaba a Madrid y poco después a Berlín el otro telegrama. En él se decía: «Es evidente que el ataque es una operación a gran escala, pero se trata de una maniobra de distracción, con el objetivo de establecer una sólida cabeza de puente que atraiga el máximo número de nuestras reservas a la zona de operaciones y queden retenidas hasta disponer de la capacidad necesaria para golpear en otro lugar con éxito asegurado». Explicaba más adelante que proseguían las concentraciones de tropas norteamericanas y británicas en el este y sudeste de Inglaterra y que los persistentes bombardeos a la zona de Calais de la US Air Force y de la RAF justificaban que el asalto principal se realizaría en este punto.

Este telegrama llegó al cuartel general de Hitler tras pasar por las manos de otros jefes militares, entre ellos Krumacher y, sobre todo, el general Jodl, en la práctica el jefe del Estado Mayor de la Wehrmacht, aunque oficialmente lo era el mariscal Keitel. En el texto de Arabel, el Führer vio ratificado su criterio sobre que el desembarco principal sería en Calais, más cercano a Alemania y, por tanto, desde donde los aliados, en el caso de tener éxito el ataque, se podrían dirigir más rápidamente hacia el corazón del Reich.

A consecuencia del telegrama, el cuartel general del Führer dio la orden de paralizar el desplazamiento de tropas acorazadas de la zona de Calais, que ya se ponían en marcha hacia Normandía, porque habrían de combatir a los aliados que, previsiblemente pocos días más tarde, desembarcarían en las playas de Calais. Unas jornadas de inmovilización de aquellas tropas que podían ser decisivas. El mariscal Rommel, conocedor de la gran inferioridad de medios de los alemanes frente a sus enemi-

Garbo junto a Araceli González, su mujer y colaboradora.

gos, había dicho que la batalla se libraría en las playas, de forma que la única oportunidad de las tropas de Hitler era hacer fracasar el desembarco en sus primeras horas.

Unas semanas más tarde, Arabel comunicaría a los alemanes que el desembarco de Normandía era decisivo y se desestimaban los de Noruega y Calais, pero entonces la cabeza de puente ya se había consolidado.

Hitler condecoró a Arabel con la Cruz de Hierro de segunda clase. Cuarenta años más tarde Garbo recibiría la Orden del Imperio Británico de manos de la reina Elisabeth. Como ha escrito Ewen Montagu, exjefe del servicio británico de inteligencia naval y autor de diversos libros de espionaje, en este caso se produjo el divertido e insólito fenómeno en el que el mismo espía es felicitado y condecorado por ambos bandos en conflicto por los mismos mensajes. Y es que no han faltado espías dobles galardonados por ambos adversarios, pero por mensajes diferentes.

19

Operaciones contra la «Das Reich»

Cuando se produjo el desembarco de Normandía, las Fuerzas Francesas de Interior (FFI) —nombre con el que fueron coordinados todos los núcleos armados de la Resistencia el año 1944— iniciaron un gran número de operaciones contra los alemanes para colaborar con las tropas aliadas. Los ataques a fuerzas de la 2.ª Panzerdivisionen es uno de los casos más destacados de la participación de guerrilleros españoles del maquis en la persecución de las unidades alemanas que se dirigían a Normandía. Aquella división era más conocida como «Das Reich» aunque éste fuera el nombre de uno de sus tres regimientos. Los otros dos eran «Deutschland» y «Der Führer».

El mando alemán había acantonado la 2.ª Panzerdivisionen en el sudoeste de Francia, en previsión de posibles desembarcos tanto en las costas atlánticas como en la mediterránea. Era una unidad de élite, con fuerzas muy aguerridas, fanáticas, con la gran capacidad de combate y la brutalidad que caracterizaba a las Waffen SS. Al producirse el desembarco aliado es enviada inmediatamente hacia Normandía, pero su viaje no será plácido. El maquis le causaría numerosas bajas, aunque las represalias harían derramar mucha sangre de los partisanos y de la población civil.

Plan para el maquis en el momento del desembarco

Cuando se preparaba el asalto angloamericano a la fortaleza europea, el Alto Mando Aliado delineó una serie de planes para la guerrilla francesa destinados a colaborar con las fuerzas aliadas: «Tortuga» (interceptación y bloqueo de unidades militares alemanas en movimiento hacia las zonas de desembarco); «Amarillo» (ataques al mando enemigo); «Momia» (protección de las zonas portuarias); «Negro» (destrucción de los depósitos de carburante); «Azul» (sabotaje de las instalaciones eléctricas); «Violeta» (control y destrucción de las comunicaciones postales, telefónicas y telegráficas), y «Verde» (destrucción de material e instalaciones ferroviarias).

Los dos planes prioritarios eran «Tortuga» y «Verde», dirigidos directamente a impedir o retrasar la llegada de tropas alemanas a las zonas de desembarco.

Aunque no se puede considerar un aspecto menor, los españoles pusieron en marcha un plan más «Salamandra» —que concibieron y realizaron los propios guerrilleros españoles en la mayoría de los casos—, consistente en asaltar prisiones y penales, liberando a los presos políticos y a los guerrilleros detenidos.

De la importancia de la colaboración de la guerrilla con las fuerzas desembarcadas tenemos una muestra en las palabras pronunciadas en 1946 por el general George C. Marshall, exjefe del Estado Mayor del Ejército de Estados Unidos: «La eficacia de la resistencia europea superó nuestras esperanzas y a ella se debe el éxito de nuestros desembarcos, ya que consiguieron retrasar la llegada de refuerzos alemanes e impedir que las divisiones enemigas del interior se reagrupasen de nuevo».

Además de atacar a las columnas alemanas que se dirigían a Normandía y sabotear las comunicaciones, la Resistencia suministró mucha información a los aliados sobre los movimientos de los alemanes, lo que permitió ataques de la aviación angloamericana.

Batalla de Castelnau

El historiador de las guerrillas en Gascuña, Raymond Escholier, explica que los jefes de la Resistencia francesa en el departamento de Gers decidieron, al producirse el desembarco, armar a los guerrilleros españoles. Los aliados habían hecho llegar grandes cantidades de armamento a la Resistencia francesa en aquel departamento, pero los núcleos guerrilleros más importantes en la zona eran precisamente españoles. Eran unos 400 guerrilleros dirigidos por el madrileño Tomás Guerrero Ortega «Camilo» y serían decisivos para la liberación del departamento y de la capital, Auch.

Los ataques a fuerzas de la 2.ª Panzervidisionen es uno de los casos más destacados de la participación del maquis en la persecución de las unidades alemanas que se dirigían a Normandía.

El día 7 de junio, al día siguiente del desembarco aliado, el coronel francés Caillou y «Camilo» arengaban a sus hombres, que se dirigieron a los objetivos asignados. El día 8 los guerrilleros sorprenden a una pequeña columna alemana en el límite de los departamentos de Gers y de Tarn-et-Garonne, y el 12 vuelan la central telefónica departamental. El día 20 el resultado sería el inverso, y cerca de Nerac (Lot-et-Garonne) un pequeño grupo español cae en una emboscada enemiga. Mueren directamente en la acción —o fusilados tras ser detenidos— Vicenç Dalla Benlliure, Joaquín Marchante, Julián Ramiro y Ramón Pueyo. Eran la vanguardia de un gran destacamento de guerrilleros que, en pequeños grupos, se había movilizado porque les habían comunicado que fuerzas de una división de las SS estacionadas en la zona se habían puesto en marcha hacia Normandía y habían pasado por Auch unas horas antes.[1]

1. Los guerrilleros españoles que participaron en aquellos combates y diversos historiadores, tanto franceses como españoles, señalan que las tropas alemanas eran de la División conocida como «Das Reich». Es más que dudoso que se tratara de fuerzas de esta unidad, ya que en aquellos días se encontraba ya en Normandía, al menos su núcleo principal. Incluso una buena parte de aquella división había sido ya aniquilada en los fuertes combates mantenidos con los aliados.

La madrugada del 21 de junio empezaría con ataques alemanes en la llamada batalla de Castelnau, ya que se produjo en las inmediaciones de la población de Castelnau-sur-l'Auvignon, al norte del departamento de Gers, cerca de Condom. Confidentes de los alemanes les informaron de los planes del maquis, pero el mando guerrillero francoespañol se enteró y cambió buena parte del dispositivo, formado por dos compañías.

Los guerrilleros disponían de mucho armamento, incluso ametralladoras y bazucas, y ocupaban posiciones muy ventajosas para la defensa que permitían el fuego cruzado. Los alemanes sufrieron pérdidas importantes, pero tras seis horas de sucesivos ataques los maquis se retiraron hacia el pueblo de Castelnau, que fue escenario de fuertes combates. Uno de los defensores, Pedro Llasera, causó numerosas bajas al enemigo con su fusil ametrallador. El capitán Baldomero Rodríguez, jefe de la primera compañía de guerrilleros españoles, dice que uno de sus hombres, Joan Blanes, perdió una pierna por la explosión de un mortero. Y Antoni Mur resultó con el brazo destrozado. Cuando los alemanes ocuparon el pueblo se produjo una gran deflagración, ya que en la llamada torre cuadrada el maquis escondía dos toneladas de explosivos.

Capitanes guerrilleros

En su marcha hacia Normandía, las fuerzas de la División «Das Reich» serían atacadas en la Dordoña, uno de los mayores departamentos franceses en el que, antes y después del desembarco de Normandía, fue especialmente importante la actividad guerrillera de los españoles.[2]

Los dos grupos de guerrilleros más importantes del departamento de la Dordoña —que realizaban algunas actuaciones en los departamen-

2. En referencia a los combates en la Dordoña y departamentos vecinos, los guerrilleros hablan a menudo de enfrentamientos con la «Das Reich». En bastantes casos no es cierto o, en todo caso, no se ha podido comprobar. Cuando se analizan los datos de los combates y se contrastan con los desplazamientos de aquella unidad, se concluye que algunos enfrentamientos hubieron de producirse con otras unidades alemanas. Como aquella división alemana se hizo tristemente famosa por la matanza de Oradour-sur-Glane y la fiereza de su represión, casi inconscientemente todo el mundo asumió como un sello de gloria haber luchado contra ella.

En su marcha a Normandía las fuerzas «Das Reich» serán atacadas en la Dordoña.

tos vecinos de Lot, Corrèze y Haute-Vienne— eran dirigidos por el madrileño Emilio Álvarez Canosa, «Pinocho», en el norte, y por el catalán Carles Ordeig, en el sudeste.

Ordeig organizó la resistencia en junio de 1943 con un destacamento de 60 guerrilleros —en la resistencia será conocido como «Grupo Carlos»— y creó en la zona de Montignac, muy cerca de las famosas grutas prehistóricas de Lascaux, una escuela de mandos guerrilleros por la que pasaron muchos franceses y españoles que después serían dirigentes de la guerrilla en los combates de liberación. Ordeig también fue jefe de Estado Mayor de la llamada 15.ª División de guerrilleros españoles.

Entre las operaciones dirigidas por Ordeig destacan el sabotaje al depósito de máquinas ferroviarias de Périgueux; numerosas voladuras a las líneas férreas París-Toulouse y Limoges-Périgueux-Angulema; paralización de la destilería de Le Got; impedir el envío de material de las canteras a las obras de construcción del Muro del Atlántico… El 6 de junio de 1944 provocaron una voladura de la línea férrea de París y los dos días siguientes hicieron saltar otras líneas férreas. Una de las más destacadas fue la obstrucción de la línea Bergerac-Sarlat, entre Mauzac y Trémolet. Colocaron una gran carga de explosivos en el interior de un túnel y, a una cierta distancia, detuvieron el tren e hicieron bajar a todos los pasajeros. Después lanzaron la máquina a toda velocidad en dirección al túnel. La explosión impidió el tráfico durante dos semanas. Los guerrilleros de Ordeig —junto a FTP franceses— ocuparon el pueblo de Belvés a mediados de junio de 1944 y «proclamaron solemnemente» la IV República francesa.

En combates producidos los días 17 y 18 de junio contra unidades alemanas murieron los españoles Sánchez Casas, S. Fuentes, José Gil y «Paquito». Hacia el 27 y 28 de junio grupos de alemanes penetraron en la zona controlada por los guerrilleros y se ensañaron con la población civil de las casas de campo y aldeas.

Pinocho libera a Esgleas

En los meses anteriores al desembarco aliado, los hombres de Emilio Álvarez Canosa, «Pinocho», atacaron numerosas veces a los alemanes. Por su lado, éstos y los milicianos franceses (colaboracionistas) realizaron hacia el mes de mayo de 1944 fuertes batidas para liquidar grupos guerrilleros de áreas cercanas a las líneas de comunicación por las que pudieran necesitar pasar tropas hacia el canal de la Mancha, quizá intuyendo que les convenía eliminar obstáculos para cuando llegase el momento decisivo, que pensaban cercano.

El 6 de junio, cuando se iniciaba el asalto aliado a Normandía, el grupo de Pinocho ocupaba el pueblo de Excideuil, nudo de carreteras, lo que provocó ataques de las columnas alemanas procedentes de Périgueux y Bergerac. Los alemanes abrieron diversas veces las comunicaciones, pero una y otra vez eran interceptados por los guerrilleros. Los combates fueron especialmente intensos el 12 de julio.

Una de las acciones más importantes del grupo dirigido por Pinocho fue el asalto al presidio de Nontron, donde había presos que podían ser deportados a Alemania. Ocuparon la prisión y liberaron a 80 presos políticos, entre los que se encontraban cinco miembros del Comité Central del PCF y diversos elementos destacados de la Resistencia. Y un conocido cenetista: Germinal Esgleas, marido de Federica Montseny, trasladado a Nontron desde el campo de castigo de Moissac (Tarn-et-Garonne) por insubordinación.

Muchos guerrilleros murieron en estos combates de la Dordoña. Bastantes no han sido identificados. Según Pons Prades,[3] entre los conocidos se hallaban Martínez Cola, «El Maño», Flores, José Arbero, Ángel Poyo, Aquilino Gracia, Francisco Ruiz Guerrero, Silverio Gómez, Antonio Iglesias, Miguel Pradas y Sebastián Nicasio.

Lucha en el departamento de la Corrèze

En el departamento de la Corrèze, las unidades de la «Das Reich» también fueron fustigadas por los guerrilleros. En la villa de Tulle, en poder del maquis desde el 8 de junio, entraron las fuerzas alemanas disparando y echando a la gente de sus casas. Reunieron en la calle a unos 3.000 paisanos. Tras unas dramáticas negociaciones, se fueron finalmente, pero colgaron a 99 personas. Uno de los guerrilleros muertos en la Corrèze —el 3 de junio de 1944 en Neuvic— fue el catalán Josep Feliu.

3 Eduardo Pons Prades, *Republicanos españoles en la Segunda Guerra Mundial*, Planeta, Barcelona, 1975, p. 185.

20

Víctimas de la matanza de Oradour-sur-Glane

La marcha de la 2.ª Panzerdivisionen SS —más conocida como «Das Reich»— desde el sudoeste de Francia hacia Normandía en los días siguientes al desembarco deja un rastro de sangre. Son frecuentes los combates con el maquis, que fustiga a las fuerzas alemanas que luchan contra las tropas desembarcadas, pero en este caso de la 2.ª Panzerdivisionen, que dirige el general Lammerding, se suma la crueldad de las SS, que responden a las acciones de los guerrilleros con represalias indiscriminadas sobre la población civil de la zona cercana a donde son atacados. El caso más dramático es el de la matanza de Oradour-sur-Glane, un pueblo situado 31 kilómetros al sudoeste de Limoges, donde asesinaron a 642 personas, entre las cuales había 252 niños.

Es uno de los más terribles asesinatos masivos realizados de forma directa contra la población civil en el oeste de Europa durante la Segunda Guerra Mundial, considerando los bombardeos aéreos en un orden diferente. Hay que recordar, no obstante, que en el este, especialmente en la Unión Soviética, las matanzas de población civil o de prisioneros fueron más numerosas que en Occidente.

Tampoco de esta masacre producida en un pueblecito del departamento de Haute-Vienne, en el Limousin, se salvaron algunos españoles. Allí vivían diversas familias exiliadas, la totalidad de los miembros de algunas de ellas fueron eliminados. También vivían numerosas familias francesas del pueblo de Charly, en la Lorena, que habían sido expulsadas por los alemanes cuando este territorio pasó a Alemania tras la derrota francesa, así como algunas personas de origen polaco.

La destrucción

Inmediatamente después de producirse el desembarco aliado, la 2.ª Panzerdivisionen SS recibe la orden de dirigirse hacia las playas de Normandía. Han de atravesar el centro de Francia pero su desplazamiento resulta agitado, porque a los problemas de una gran unidad que se dirige a un frente donde se libran terribles combates se suma la tensión provocada por los ataques y sabotajes de la guerrilla, de la que forman parte muchos españoles.

Los miembros de aquella división Waffen SS estaban, obviamente, nerviosos y agresivos. Y en esta situación, fuerzas de la división llegaron al pueblo de Saint-Junien, a unos 10 kilómetros de Oradour-sur-Glane. En Saint-Junien, los maquis volaron un puente ferroviario para retrasar el paso las tropas, y mataron a dos soldados. Ello aumentó la tensión, pero la causa inmediata de la feroz represalia de Oradour-sur-Glane fue la captura, por parte de los guerrilleros, del coronel Kämpfe, de las SS, producida el 9 de junio en el pueblo de Saint Léonard-sur-Noblat, a unos 60 kilómetros de Oradour. La mañana del día siguiente, 10 de junio, tropas de las SS alemanas procedentes de Saint-Junien entran en Oradour con la errónea información de que el maquis mantiene allí prisionero al coronel y que lo van a ejecutar. Como explica Raymond Cartier en su historia de la Segunda Guerra Mundial, la unidad que destruye Oradour es la 3.ª Compañía del Primer Batallón del Regimiento «Der Führer»,[1] dato que también confirma toda la documentación francesa sobre este hecho.

De todos los habitantes de Oradour-sur-Glane que se encontraban en el pueblo sólo se salvaron cinco hombres y una mujer. Además, hay que sumar, aunque salió del pueblo antes de la matanza, a uno de los niños expulsados de Lorena por los alemanes. Este niño, Roger Godfrin, partió cuando llegaron al pueblo los primeros alemanes y aún no se percibía que pudiera pasar nada malo. Su madre le había dicho: «Cuando veas a los *boches*,[2] huye». Eso le salvó la vida.

1. No es una unidad del Regimiento «Das Reich» como se dice en prácticamente todas las referencias a este hecho que salen en los libros, sino del Regimiento «Der Führer», aunque ello no cambia la esencia de los hechos.

2. Denominación despectiva con la que los franceses se referían a los alemanes.

Las ruinas del pueblo de Oradour-sur-Glane han sido conservadas como un gran mausoleo que causa gran impresión a sus visitantes.

El libro *Oradour-sur-Glane. Le drame heure par heure*[3] reproduce el testimonio de Robert Hébras, uno de los supervivientes, además de los datos aportados en los procesos sobre la masacre celebrados en Burdeos en 1953 y en Berlín este en 1983.

Oradour era un pueblo que no había sentido de cerca el fragor de la guerra, más allá de acoger refugiados. No había sufrido ningún bombardeo, no se había visto afectado por la actividad del maquis, y hacía mucho tiempo que no había pasado por allí ningún alemán, ni siquiera habían parado nunca allí.

Aquel sábado 10 de junio de 1940 pasaron inicialmente por la calle principal del pueblo algunas tanquetas y después los alemanes cercaron el pueblo y las casas de campo cercanas. Fueron casa por casa haciendo salir a todo el mundo para que se concentraran en la plaza. No maltrataron a nadie en un primer momento y anunciaban que se trataba de un mero control de identidad. Pese a que ya tenían las ametralladoras emplazadas, la gente no se inquietó. Más bien se impacientaban porque los estaban reteniendo tanto tiempo. Los alemanes registraron las casas y después un oficial le dijo al alcalde y a algunos más que sabían que en el pueblo había un depósito de armas. Sólo pensaban detener a los responsables y dejar al resto.

Más tarde, separaron a los hombres a un costado y a las mujeres y a los niños al otro. Incluso en ello los alemanes se mostraron correctos.

3. Robert Hébras. *Oradour-sur-Glane. Le drame heure para heure*, Editions C.M.D. Montreuil-Bellay, 1992.

Algunos supervivientes detallan el caso de una maestra que tenía un hijo deficiente psíquico ya adulto, que solicitó poder quedarse junto a su hijo, cosa que le permitieron. Mujeres y niños fueron conducidos a la iglesia, mientras los hombres seguían encañonados por las ametralladoras. Algunos hombres fueron llevados a otro lugar del pueblo.

Los alemanes no encontraban al coronel secuestrado por la guerrilla, porque no estaba allí, y el jefe de la unidad, Diekmann, Sturmbanführer (comandante) de las SS, enloquecido en una espiral homicida, dio la orden de matar a todo el mundo y destruir el pueblo. Parece, no obstante, que este jefe nazi tenía ya tomada la decisión de llevar a cabo una acción de represalia antes de iniciar la operación, porque, como se supo en el juicio celebrado en Burdeos en 1953, alguno de los oficiales ya había arengado a sus hombres señalando que aquel día correría la sangre.

A las 4 de la tarde, cuando ya hacía unas tres horas que habían hecho salir a la gente de sus casas, se oyó una fuerte explosión, parece que procedente de una granada, y los soldados empezaron a disparar matando a los hombres. Después, las SS remataban con sus pistolas a los heridos y a aquellos que trataban de huir, así como a los que habían sido trasladados a otros lugares de la población. Cinco hombres pudieron escapar, alguno de ellos herido, y después serían testimonios de la masacre. Un total de 149 hombres murieron en esta parte de la carnicería.

Apilaron y rociaron con gasolina a los cadáveres, pusieron paja sobre ellos y prendieron fuego. Mientras, otros miembros de la unidad empiezan a quemar las casas, con los animales domésticos en su interior.

Emblema de los Waffen SS.

Los Waffen SS colocan explosivos y granadas fumígenas en la iglesia, tras cerrar sus puertas. Se oye una fuerte explosión y una gran humareda negra. Las mujeres y los niños del interior del templo intentan huir, pero las puertas se lo impiden, y los SS disparan sobre todo aquello que se mueve junto a las puertas y las ventanas. Mueren asfixiados o quemados 252 niños y 240 mujeres. Sólo se salvará una mujer, que subió a un altar y saltó a través de una ventana, cayendo al huerto que había al lado. Allí permaneció inmóvil hasta medianoche.

En total murieron 642 personas de todas las edades, desde un bebé de 18 días hasta un anciano de 85. Los únicos supervivientes fueron cinco hombres, una mujer y un niño.

Antes de abandonar el pueblo, los nazis rociarían con más gasolina las viviendas con el fin de incendiarlas.[4] En total fueron destruidas 328 construcciones, incluyendo casas, almacenes, corrales, cobertizos...

Conmoción en Francia

El caso de Oradour-sur-Glane provocaría, casi diez años más tarde de producirse los hechos, una profunda conmoción en Francia. Y es que se supo que no toda la culpa podía atribuirse al ocupante alemán: una tercera parte de los soldados del regimiento «Der Führer» eran alsacianos enrolados en las Waffen SS.

Veinte acusados —de los supervivientes de la 3.ª Compañía causante de la carnicería— fueron juzgados por un tribunal de Burdeos. El 12 de marzo de 1953, tras seis semanas de comparecencias y debates, el tribunal militar dictó dos sentencias de muerte, una de ellas para un alsaciano, y doce condenas a trabajos forzados y prisión. Las penas de muerte se conmutaron y se rebajaron las otras condenas a los alsacianos (franceses), aunque en un primer momento se mantuvieron para los alemanes, porque el Gobierno francés no quería abrir viejas heridas en el país. Ello provocó la protesta del Gobierno de la República Federal Alemana.

Por otro lado, a propuesta del Comité de Liberación, el escultor catalán Apel·les Fenosa —que había estado exiliado en Francia y se hallaba en Limoges cuando se produjo la matanza— realizó una obra destinada a perpetuar la tragedia de Oradour-sur-Glane. Llamó *Radour* a la escultura, que representa a una mujer embarazada que se retuerce y grita

4. Oradour-sur-Glane fue reconstruido después de la guerra en un lugar diferente a su emplazamiento original. Las ruinas del pueblo han sido conservadas como un gran mausoleo que causa gran impresión a sus visitantes.

de dolor, consumido la mitad de su cuerpo por las llamas. Tenía que ser colocada en Limoges, pero hubo problemas y, finalmente, fue a parar al Museo de Arte Moderno de París.

Rommel plantea el caso a Hitler

La matanza de Oradour-sur-Glane ha sido presentada como una de las evidencias de la barbarie nazi. Y es así. Pero es justo reconocer que no todos los alemanes lo aceptaron. Ni siquiera todos los SS.

El mando del cuerpo, el Standartenführer (coronel) Stadler, abrió un expediente contra el comandante Diekmann y protestó por el crimen al gobernador del departamento de Haute-Vienne, Freund-Velate; al general alemán comandante de Limoges, Gleiniger; al Gobierno francés de Vichy, y al propio mariscal Rommel. El procedimiento, no obstante, hubo de interrumpirse porque pocos días después de los hechos el comandante Diekmann murió en los combates de Normandía —en la explosión de una granada, según la versión oficial— y la 3.ª Compañía resultó diezmada. Además, se produjo el veto de Hitler y la derrota alemana en Francia.

Particularmente significativa fue la conversación entre Hitler y Rommel sobre el tema. El Führer se desplazó al frente occidental dos semanas después del desembarco aliado. Los combates más duros de la batalla de Normandía en aquellos días de la segunda mitad de junio tenían lugar en la península de Cotentín, cerca de Cherburgo. Los alemanes habían frenado el avance aliado, pero los mandos de la Wehrmacht sabían que no podrían resistir mucho tiempo ante un ejército de invasión muy superior al suyo y cada vez más poderoso, ya que no paraban de llegarle refuerzos y dominaba absolutamente el aire y el mar, mientras que los soldados alemanes carecían de alimentos y munición. Rommel había propuesto evacuar la península de Cotentín y establecer una nueva línea defensiva, pero Hitler vetó cualquier posible retirada.

El Führer convocó a los jefes superiores del ejército en Normandía, en un puesto de mando en Margival cerca de Soissons. Allí acudieron los mariscales Rundstedt y Rommel, sus adjuntos Blumentritt y Speidel. El canciller ni siquiera les ofreció asiento y tras acusar a mariscales, generales y oficiales de haberse dejado sorprender por el enemigo, y a los jefes

Placa de homenaje a los españoles asesinados en Oradour-sur-Glane.

y la tropa de haber actuado débilmente y con cobardía en el combate, Hitler reiteró la orden de defender Cherburgo hasta el final y de no retirarse, además se negó a trasladar a Normandía tropas desde la zona de Calais, porque aún temía un desembarco en aquel lugar. Exigía un cambio en la combatividad de las tropas y anunciaba una vez más que armas decisivas iban a dar un vuelco a la marcha de la guerra.

Hablaba de todo ello cuando sonó la alarma antiaérea y todos bajaron al refugio. Rommel aprovechó la ocasión para lamentarse ante Hitler de la matanza realizada por las SS en Oradour-sur-Glane. El mariscal dijo que un gesto como aquel haría perder las pocas simpatías que los franceses ya tenían hacia el Tercer Reich. El Führer, molesto, lo interrumpió: «No se preocupe de la política. Éste es un asunto mío. ¡Ocúpese más bien del frente de invasión!».[5]

5. *Crónica militar y política de la Segunda Guerra Mundial*, Sarpe, Madrid, 1978, vol. 5, p. 1.633. Adaptación española de *La Seconda Guerra Mondiale*, de Arrigo Petacco, Armando Curcio Editore, Roma.

Los hombres de Leclerc, una lucha desde el Sáhara hasta el «Nido del Águila» de Hitler

Soldados españoles formaron parte de la primera unidad aliada que entró en París. Y también del grupo que los últimos días de la guerra llegó al «Nido del Águila» de Hitler, en Berchtesgaden. Años antes, aquellos mismos soldados habían ido a parar al África central y después de luchar en el Sáhara acabaron haciéndolo en el corazón de Europa. Fueron los legionarios del general Leclerc,[1] algunos de ellos miembros de las primeras fuerzas que siguieron al general Charles de Gaulle.

Los primeros núcleos armados de la Francia Libre se concentraron en el año 1940 en algunas colonias del África Ecuatorial Francesa y del Sáhara, porque los gobernadores del Chad, Gabón y la parte francesa del Camerún se pusieron de parte de De Gaulle en la decisión de continuar combatiendo a los alemanes sin aceptar la derrota. En Duala, en el Camerún, fue donde De Gaulle empezó su actividad en África, y en Brazzaville fijó la primera capital, sustituida más tarde por Argel.

En aquellos primeros momentos las fuerzas gaullistas no eran más que unos pocos centenares de soldados en un inmenso territorio africano. Su valor militar era casi nulo, pero era importante su valor político como símbolo de la continuidad en la lucha.

Una buena parte de aquellos soldados eran legionarios, el núcleo principal de los cuales eran españoles. La mayoría procedía de Inglaterra, donde se habían unido a De Gaulle tras la campaña de Narvik y de la derrota de Francia, aunque algunos procedían de las guarniciones de África occidental y ecuatorial. El capitán Dronne, que dirigía la que

1. El nombre real de Leclerc era Philipe de Hautecloque, pero se le conoce por el pseudónimo.

después sería la 9.ª Compañía, la primera que entró en París, dice que «entre los voluntarios españoles había unos pocos comunistas y muchos anarquistas y republicanos moderados».

La aventura del desierto

El mes de noviembre de 1940, el general De Gaulle dio el visto bueno al inicio de operaciones combinadas de sus unidades en el Chad con los ingleses de la zona de Fezzan, al sur de Tripolitania, en Libia.

En enero de 1941 se celebran reuniones entre el mayor Clayton —creador de los famosos Long Rangers Desert Group—[2] y el coronel De Ornano, por parte francesa, que era buen conocedor del desierto.

En el mismo año de 1941Leclerc planea atacar el oasis de Kufra, situado en el extremo sudeste de Libia, cerca de Egipto y el Sudán, a unos mil kilómetros de la costa mediterránea y a una distancia similar del río Nilo. El objetivo —el llamado oasis de Kufra en realidad son seis oasis situados en una depresión de 50 kilómetros de largo por 20 de ancho— tiene escasa importancia militar, pero un alto significado político porque Mussolini lo había calificado como uno de los mojones más importantes del Imperio italiano. Por otro lado, Italia había perdido una escala aérea vital para enviar ayuda y mantener contacto con sus colonias de Etiopía, Eritrea y Somalia.

Entre los franceses y las fuerzas coloniales que participaron en el atrevido golpe de mano que sorprende totalmente a los italianos de la guarnición se hallan, entre otros españoles, el sargento Torres y los cabos García y Nebot. Allí, el 2 de marzo de 1941, cuando se iza la bandera francesa con la cruz de Lorena, Leclerc arenga a sus hombres: «Y ahora, compañeros, os prometo que no cesaremos hasta que la bandera francesa ondee en Metz y en Estrasburgo liberadas». Estas palabras constituyen lo que se conoce como «el juramento de Kufra».

2. Los miembros del Long Rangers Desert Group (LRDG) realizaron golpes de mano de enorme audacia y recorrieron miles de kilómetros por el desierto en la retaguardia de los germanoitalianos. Muchos de sus miembros eran de Rhodesia, Sudáfrica, Nueva Zelanda...

A partir de entonces, Kufra será el lugar de partida de la mayor parte de las patrullas de desierto (Long Rangers Desert Groups) para operar en la retaguardia italogermana.

Los refuerzos y suministros desde Inglaterra son enviados a las fuerzas de Leclerc siguiendo rutas extrañas y largas: unos desembarcan en Duala, en Camerún, y parten en camiones y camellos hacia el Camerún y el Chad y de allí al sur de Libia; otros aun vienen de más lejos, porque llegan a Pointe Noire-Cabinda, en Gabón y desde allí a Bangui y Fort Lamy (Chad).

Realizando marchas por el desierto que parecen increíbles, los hombres de Leclerc van atacando una tras otra las pequeñas guarniciones italianas de los oasis y ocupando el sur del dispositivo germanoitaliano. De esta manera llegan a dominar toda la inmensa región del Fezzan, con localidades como Uau-el-Kebir, Al-Qatrun, Tedjeré, Tmisa, Oum-el-Araneb y Brak.

En la conquista del fuerte de Al-Qatrun se distinguió el cabo García, que penetró con una chilaba, lo que llevó a los italianos a pensar que se trataba de un nativo. El fuerte de Brak fue ocupado el 4 de marzo de 1942. Se encontraban ya sólo a 500 kilómetros de Trípoli.[3] En el desierto instalaron depósitos camuflados de combustible y las marchas — en camiones y jeeps— se hacían básicamente de noche, para evitar ser descubiertos por los aviones de reconocimiento italiano.

Los pequeños núcleos del ejército francés ocuparon este territorio al sur de la retaguardia italiana, pero Rommel no los tomó demasiado en serio. Tenía problemas más graves, sobre todo por la falta de suministro, ya que los buques ingleses dominaban el Mediterráneo, hundiendo buena parte de los mercantes italianos, mientras la flota de este país se blindaba en sus puertos.

A primeros de abril de 1942, Leclerc fue nombrado comandante de las fuerzas del África Francesa Libre, con cuartel general en Brazzaville, donde se hallaba De Gaulle, pero siguió expresando gran admiración por «sus» españoles. Es conocida la respuesta que dio otro general fran-

3. Las guarniciones de los oasis eran pequeñas, y por tanto tampoco eran muchos los italianos que caían prisioneros. Aparte de la erosión política y el efecto sobre la ya baja moral de los italianos, los oasis conquistados se convirtieron en nuevas bases de ataque más cercanas a los núcleos importantes del Eje en África.

cés, De Lattre de Tassigny, cuando este habló de «sus indómitos españoles de Italia»: «Sé muy bien lo que valen estos españoles y lo difíciles que son de dirigir, porque en mi columna llevo unos cuantos miles de ellos, y le aseguro que guerrear en las condiciones que lo hacemos no es lo que se dice un paseo por los Campos Elíseos… Le puedo asegurar que siempre han respondido como unos valientes».[4]

El 9 de enero de 1943 los hombres de Leclerc —en aquel momento se llamaban Agrupación M y más tarde Fuerza L— completaron la conquista de la región del Fezzan y a partir de entonces colaboraron con las fuerzas aliadas en la ocupación de Tripolitánia, que los italianos defendían con mayor fervor que el Fezzan.

El 25 de enero de 1943 patrullas motorizadas del general Montgomery ocupan la capital de Libia y al día siguiente se produce la entrada oficial. El 26 de enero se celebra en Trípoli el primer encuentro entre Montgomory y Leclerc, que sirve para acordar que los hombres de Leclerc podrán participar en la campaña de Túnez.

Combates en Túnez

Los germanoitalianos establecieron sus posiciones defensivas al sur de Túnez, en la línea Mareth, que habían construido los franceses el año 1940 en previsión de los ataques italianos desde Libia, pero no la pudieron acabar.

De forma incomprensible —quizá no les dio tiempo de situar las tropas al hacer el repliegue— los alemanes permitieron que se tomase el enclave estratégico de Ksar-Rhilane, paso obligado del desierto del Gran Erg, y el pequeño macizo de Matmata, lugares donde estuvieron destinadas las tropas de Leclerc. El 10 de marzo, fuerzas de la 90.ª Panzerdivisionen intentan recuperarlo, pero los soldados de la Fuerza Libre, ayudados por la RAF, rechazaron fuertes ataques de los alemanes.

4. Leclerc habla de «miles» de soldados españoles a sus órdenes. En realidad nunca pasaron simultáneamente de unos centenares. El general Jean Joseph-Marie de Lattre de Tassigny dirigió las fuerzas francesas en Italia, después fue comandante máximo del desembarco en Provenza y fue el general francés que estuvo presente en la rendición final alemana en Berlín el 8-9 de mayo de 1945.

La Fuerza L realizó operaciones de gran audacia pero con la indisciplina que, por protagonismo político, caracterizó a las tropas de De Gaulle respecto al Alto Mando aliado: recibían una orden, pero Leclerc a menudo se la saltaba y, muchas veces, iba más allá de lo encomendado.

En la fase final de la batalla de Túnez, los españoles de Leclerc coincidieron con los compatriotas que formaban parte de la 1.ª División de la Francia Libre, integrada en el 8.º Ejército británico, buena parte de los cuales habían luchado en Eritrea, en el Líbano, en Bir Hakeim y en diferentes lugares del norte de África. Más tarde encontraron a otros españoles de los Cuerpos Francos y de la Legión que luchaban en Túnez.

El 8 de mayo capitulaba el general Von Arnim, que había quedado como jefe de las fuerzas del Eje en África al irse Rommel. La guerra en el norte de África había terminado.

Uno de los galardonados por su participación en los combates de Túnez es el almirante Miguel Buiza,[5] entonces capitán de los Cuerpos Francos. El general Giraud le concedió la Cruz de guerra con palmas. En la orden de fecha 4 de junio de 1943 se dice que, siendo Buiza comandante de la Compañía Extranjera del Cuerpo Franco, «ha extraído de ella un rendimiento incomparable, llevándola a asaltos irresistibles, inspirado por un alto espíritu de sacrificio. En el Djebel Driss, en marzo de 1943, ha mantenido la integridad del terreno que se le había confiado bajo violentos ataques del enemigo. Los días 23 y 24 de abril, tras durísimos combates, se apoderó de las avanzadillas alemanas de la cota 84, abriendo así la ruta a la ofensiva que causaría la caída de Bizerta».

Prefieren De Gaulle a Giraud

Tras la derrota del Eje en Túnez, las unidades de Leclerc viven la disputa entre los generales Henri Giraud y Charles De Gaulle por encabezar la Francia que luchaba contra el Eje. Los americanos protegían a Giraud, mientras que los ingleses preferían a De Gaulle.

5. Miguel Buiza fue el mando de la Armada republicana durante 1936-1937. Lo sustituyó Luis González Ubieta.

Charles de Gaulle.

En aquella primavera-verano de 1943, las tropas francesas del norte de África eran heterogéneas. Además de disponer de material muy diverso, una parte del cual era muy anticuado, constituían organizaciones muy autónomas e irregulares, las unidades se sometían a obediencias diversas y con un elevado porcentaje de reclutamiento colonial y fuerte presencia de extranjeros... Era preciso unificar el mando y la organización militar y también fijar las bases políticas de la nueva Francia, pero tanto Giraud como De Gaulle pretendían estar al frente. Oficiales y soldados recibían propuestas para ir con uno u otro tanto a título individual como colectivo —además no faltaban ofertas de ingleses y americanos—, pero de forma muy mayoritaria los españoles encuadrados en las fuerzas francesas se unieron a De Gaulle. No solo lo hicieron aquellos que ya eran hombres de Leclerc, sino también los de los Cuerpos Francos y los de otras unidades. El reusense Antoni Van Baumberghen Clarasó, «Bamba», de los Cuerpos Francos, explica que su jefe, el comandante Putz, les anunció la visita de un representante del general Giraud, advirtiendo de que prometería muchas ventajas si iban con ellos, pero que él (Putz) esperaba poder fusionarse con las fuerzas de Leclerc y, por tanto, con De Gaulle. La mayoría siguió en los Cuerpos Francos con el comandante Putz.

También se unieron a De Gaulle numerosos legionarios y desterrados que habían estado en los campos de castigo y en la línea ferroviaria de Colom Béchar (Mediterráneo-Níger). El canario Campos, que había realizado la campaña africana con Leclerc, se ocupó de reclutar gente y provocó muchas deserciones de españoles de la Legión... por sumarse a Leclerc.

Los dos generales franceses hubieron de compartir el poder durante algún tiempo, pero Giraud y sus partidarios cayeron en un absoluto ostracismo y los aliados vieron entonces que era De Gaulle quien representaba la Francia Libre.

De Gaulle y los americanos decidieron transformar la Fuerza L (unidad de Leclerc) en una división acorazada. Es la 2.ª División blindada de la Francia Libre, la División Leclerc, que se suma a la 1.ª División blindada dirigida por el general Juin. Esta última sería destinada al frente de Italia y Leclerc hizo gestiones para ir con los suyos, pero ya estaban en marcha los preparativos para el desembarco en Francia, que era impensable sin presencia de las tropas de la Francia Libre.

La nueva unidad dispone de 16.000 hombres y 4.000 vehículos. La mayoría de españoles están integrados en el Tercer Batallón del Regimiento de Marcha del Chad. Una de sus compañías, la 9.ª, es la llamada «de los españoles», porque lo son prácticamente todos. Incluso el idioma habitual entre ellos es el español.

La 2.ª División Blindada se prepara a principios de 1944 y en abril embarca hacia Inglaterra para continuar su instrucción militar para luchar en el continente europeo. De todas maneras, no tomarán parte en las operaciones de desembarco en Normandía, lo que provoca las protestas de Leclerc ante los americanos. Las primeras unidades de la 2.ª División Blindada no ponen pie a tierra en las playas normandas hasta el 1 de agosto, en la fase final de la batalla de Normandía, cuando ya las tropas del general Patton habían roto el frente alemán en Avranches. La División Leclerc tendría un papel particularmente importante en la liberación de París.

Objetivo: Estrasburgo

Tras la liberación de París, la División Leclerc quedó estacionada durante un par de semanas en el Bois de Boulogne, para descansar y reorganizarse, y fue visitada por numerosos exiliados que residían en París, entre ellos Victoria Kent.

El 8 de septiembre reanuda la marcha hacia el este: el objetivo es Estrasburgo. El primer combate se produce en el pueblo de Andelot. La 9.ª Compañía vuelve a ser la punta de lanza de la División. Uno de los combates más duros se produce en una cabeza de puente del río Mosela.

Colaborando con unidades norteamericanas, la División conquista Nancy y De Gaulle condecora al capitán Dronne y a los españoles Federico Moreno y Fermí Pujol con las más altas distinciones del Ejército francés. El 23 de noviembre las primeras tropas aliadas entran en Estrasburgo: son un destacamento de Leclerc y un batallón norteamericano.

El «Nido del Águila».

Orinar en el sillón de Hitler

El 27 de abril de 1945 la División Leclerc cruza el Rin y entra en Alemania. Aún no se ha firmado la rendición del Reich pero, de hecho, la resistencia alemana frente a los aliados occidentales se reduce a puntos muy limitados. Las fuerzas francesas avanzan rápidamente por el sur de Alemania y un pequeño grupo de legionarios penetra en Austria.

Este grupo de la Legión pasa por Salzburgo y llega al Berhof del Führer, en Berchtesgaden, después de algún pequeño enfrentamiento con núcleos residuales de las fuerzas del Reich, que no querían rendirse. La resistencia es mínima y entran sin problemas ni producirse destrucciones del «Nido del Águila», una especie de refugio de montaña de Hitler. Entre los que formaban parte se hallaban Domínguez (extremeño), Solana (cántabro), Gualda (granadino) y los hermanos Joan y Paco Castells (catalanes), además del cabo barcelonés de antitanques Josep Millán Vicente. Los dirigía el zaragozano Martín Bernal.

Pons Prades recuerda que Bernal le explicó que, cuando llegaron al «Nido del Águila» y entraron en el despacho del Führer, les entraron ganas de destruirlo todo. Pero no llevaban explosivos ni tampoco podían realizarlo sin la autorización de sus superiores. Se le ocurrió una curiosa venganza: orinar sobre el sillón de Hitler.

Entrada al ascensor teleférico que conduce hasta el «Nido del Águila».

Federico Moreno le recuerda a Pons Prades que en aquellos últimos combates los de la «Novena» tuvieron pocas bajas. Detalla «una razón muy simple: en el largo recorrido desde las playas de Normandía hasta las puertas de Austria habíamos perdido a casi todos los compañeros. Si mis cuentas no son erróneas, al finalizar la guerra, de los que desembarcamos en Utah Beach sólo quedábamos 16».

Bibliografía

Abellán, José Luis, *El exilio español de 1939*, obra colectiva, Taurus, Madrid, 1976.

Alcázar de Velasco, Ángel, *Memorias de un agente secreto*, Plaza y Janés, Barcelona, 1979.

Amat-Piniella, Joaquín, *K.L. Reich*, Club Editor, Barcelona, 1963.

Amicale des Anciens Detenus Patriotes de la Centrale d'Eysses, Éditions Sociales, París, 1974.

Amicale Nationale des Anciens Combattants de la Résistance, *La France des Maquis*, Éditions Denoël, París, 1964.

Arasa, Daniel, *Años 40. Los maquis y el PCE*, Argos-Vergara, Barcelona, 1984.

—, *Els catalans de Churchill*, Curial, Barcelona, 1990.

—, *Los españoles de Churchill*, Armonía, Barcelona, 1991.

—, *Los españoles de Stalin*, Vorágine, Barcelona, 1993.

—, *La guerra secreta del Pirineu (espies, resistents i contrabandistes)*, Llibres de l'Índex, Barcelona, 1994.

—, *Exiliados y enfrentados. El exilio español en Inglaterra (1936-1945)*, Ediciones de la Tempestad, Barcelona, 1995.

Arias, J., Sariol, J., *Los vimos pasar*, Barcelona, 1948.

Augier, Marc, *Les Partisans*, Éditions Denoël, París, 1957.

Ballanger, Roger, *La Dordogne en armes*, Éditions Fontas, Périgueux, 1945.

Barrington, Michael (pseudónimo de E. M. Tenison), *Spain, England and the Duke of Alba*, John Murray, Londres, 1939.

Beguin, Albert, *Le Livre noir du Vercors*, Éditions de la Baconnnière, Neuchâtel (Suiza), 1944.

Bergot, Erwan, *La Légion*, Éditions Ballard, París, 1972.

Bernadac, Christian, *Le train de la mort*, Éditions France-Empire, París, 1970.

Bernard, Henri, *Historia de la Resistencia europea*, Ediciones Martínez Roca, Barcelona, 1970.

Bethouart, general, *Cinq années d'espérance*, Éditions Plon, París, 1968.

Blanco, Juan Eugenio, *Rusia no es cuestión de un día*, Madrid, 1954.

Borràs, Josep, *Políticas de los exiliados españoles: 1944-1950*, Ruedo ibérico, París, 1972.

Buñuel Salcedo, Luis Antonio, *La embajada del duque de Alba en Londres*, Historia-16.

Català, Neus, *De la Resistencia y la deportación. Cincuenta testimonios de mujeres españolas*, Adgena, Barcelona, 1984.

Chambard, Claude, *Histoire mondiale des maquis*, Editions France-Empire, París, 1960.

Chessman, E. C., *Brief Glory: The Story of ATA*, Londres.

Chézal, Bertrand de, *A travers les batailles pour Paris*, Éditions Plon, París, 1945.

Choumoff, Serge, *Les chambres de gaz a Mauthausen*, Amicale de Mauthausen, París, 1972.

Cimorra, E., Mendieta I., Zafra E., *El sol de noche*, Ediciones Progreso, Moscú, 1970.

Constante, Mariano, *Los años rojos (españoles en los campos nazis)*, Ediciones Martínez Roca, Barcelona, 1974.

Constante, M., Pons Prades, E., *Los cerdos del comandante*, Argos-Vergara, Barcelona, 1978.

Cookridge, E.H., *Incendiad Europa*, Luis de Caralt, Barcelona, 1969.

Cremieux, Francis, *La vérité sur la Liberation de Paris*, Editions Belfond, París, 1971.

Dalmau, John, *Slave Workers* (publicado por el autor, sin pie ni fecha).

Dalton, Hugh, *The Fateful years*, Muller, Londres, 1957.

Dansette, Adrien, *Histoire de la Liberation de Paris*, Editions Fayard, París, 1946.

Díaz de Villegas, José, *La División Azul en línea*, Ediciones Acervo, Barcelona, 1967.

Dodds Parker, Douglas, *Setting Europe Ablaze*, Londres.

Dronne, Raymond, *Leclerc et le serment de Koufra*, Editions Lafont, París, 1965.

—, *La liberation de Paris*, Editions Presses de la Cité, París, 1970.

Escoriguel, Arthur-José, *Informe sobre las unidades de Prestataires Militaires Étrangers*, destinado al Ministerio de Defensa francés.

Eychenne, Emilienne, *Les Pyrénées de la liberté*, Editions France-Empire, París, 1983.

Farago, Lasdislas, *The Game of the Foxes*, Bantam Books, Nueva York, 1973.

Fernández, Alberto, *Españoles en la Resistencia*, Ediciones Zero, Alcorta, Vizcaya, 1973.

Fittko, Lisa, *Mi travesía de los Pirineos*, Muchnik, Barcelona, 1988.

Foot, M. R. D., *SOE in France, HMSO (Her Majesty's Stationary Office)*, Londres, 1966.

—, *The Special Operations Executive 1940-1946*, BBC, Londres, 1984.

Foster R. G. G., *History of the Queen's Royal Regiment*, vol. 8, 1924-1948, Aldershot, Gale and Polden, Londres, 1953.

Francia, *Mouvements migratoires entre France et l'etranger*, Imprimerie Nationale, París, 1943.

García y García, Miquel, *Spanien, Kampf und Gefaugenschaft 1936-1969 (España, guerra y cautividad 1936-1969)*, Karin Kramer, Berlín, 1975. Hay una edición inglesa con el título *Franco's prisoner*.

Garriga Alemany, Ramón, *De la División Azul al pacto con los Estados Unidos*, Cajica, Puebla (México), 1971.

—, *El ocaso de los dioses nazis*, Planeta, Barcelona, 1980.

—, *Berlín, años cuarenta*, Planeta, Barcelona, 1983.

Gilbert, Joseph, *Combattant du Vercors*, Fayard, París, 1972.

Granier, Jacques, *Et Leclerc prit Strasbourg*, Éditions des Dernières, Nouvelles de Strasbourg, 1970.

Gros, Josep, *Relatos de un guerrillero comunista español*, Editions de la Librairie du Globe, París, 1971, reeditado con el título *Abriendo camino. Relatos...* ATE, Barcelona, 1977.

Gual, R., Larrieu, J., *Vichy, l'occupation Nazie et la Résistance Catalane*, Centre de Recerques i Estudis catalans (CREC) de la Universidad de Perpiñán.

Hébras, Robert, *Oradour-sur-Glane, Le drame heure par heure*, Editions CMD, Montreuil-Bellay, 1992.

Heine, Hartmut, *La oposición política al franquismo, 1939-1952*, Crítica, Barcelona, 1983.

Hermet, Guy, *Los españoles en Francia*, Guadiana de Publicaciones, Madrid, 1969.

—, *Los comunistas en España*, Ruedo ibérico, París, 1972.

Historial de la 7.ª División Acorazada Británica, Ejército Británico.

Hoare, Samuel, *Embajador ante Franco en misión especial*, Buenos Aires, 1964, reed. Edit., Sedmay, Madrid, 1977.

Ingold, general, *Soldats du Tchad*, Office Français d'Éditions, Alger, 1944.

—, *La epopeya de Leclerc en el Sahara*, Ediciones Alda, Buenos Aires, 1946.

Iniesta, Serapio, *Flon-Flon*, Bruguera, Barcelona, 1972.

Jourdan-Joubert, L., Helfgott, J., Golliet, P., Glières, *Première bataille de la Résistance*, Éditions de l'Association des Rescapés de Glières, Annecy, 1967.

Kleinfeld, G., Tambs, L., *La División española de Hitler*, San Martín, Madrid, 1983.

Laroche, Gaston, *On les nommait des étrangers (Les inmigrés dans la Résistance)*, Les Éditeurs Français Réunis, París, 1965.

Larrieu, J., Gual, R., *Vichy, l'occupation Nazie et la Résistance Catalane*, Centre de Recerques i Estudis de la Universitat de Perpinyà, 1994.

Llorens, Vicente, *La emigración republicana de 1939*, vol. I de *El exilio español de 1939*, Taurus, Madrid, 1976.

Mansell, Gerard, *Let truth be told.* 50 Years of BBC External Broadcasting, Weindenfels and Nicholson, Londres, 1982.

Masterman, J. C. *The Double-Cross System on the War of 1939 to 1945*. First Ballantine Books Editions, Nueva York, 1972.

Medvedev, Dimitri N., *La guerrilla soviética*, Destino, Barcelona, 1971.

Messenger, Charles, *The Commandos 1940-1946*, William Kimber, Londres, 1985.

Michel, Henri, *Histoire de la Résistance en France*, Presses Universitaires de France, París, 1965.

—, *Les mouvements clandestins en Europe*, Presses Universitaires de France, París, 1966.

Mitrani, Thérèse, *Service d'Evasions*, Continents, París, 1946.

Modin, Jean, *Le Bataillon d'Eysses*, Anciens Détenus de la Central d'Eysses, París, 1962.

Monclús Guallar, Vicente, *18 años en la URSS*, Claridad, Buenos Aires, 1959.

Montseny, Federica, *Pasión y muerte de los españoles en Francia*, Espoir, Toulouse, 1969.

Newsome, Noel, *The Man of the Street (of the BBC) Talks to Europe*, P. S. King and Staples Ltd., Londres, 1945.

Nogueres, H., Degliame-Fouche, M., Vigier, J. L., *Histoire de la Résistance en France*, Éditions Robert Laffont, París (1967-1973, varios volúmenes).

Nouveau, L. H., *Histoire de Pat O'Leary*, Éditions Calmann-Lévy, París, 1957.

—, *Des capitaines par milliers*, Éditions Calmann-Lévy, París, 1958.

Ouzoulias, Albert, *Les Bataillons de la Jeuneuse*, Éditions Sociales, París, 1969.

Pastor Petit, D., *Espías españoles*, Argos-Vergara, Barcelona, 1979.

Perrigault, J. *Les passeurs de frontières*, Éditions la France au combat, París, 1945.

Philby, Harold Kim, *Mi guerra silenciosa*, Plaza y Janés, Barcelona, 1969.

Pietri, François, *Mes années d'Espagne*, 1940-1948, Plon, París, 1954.

Pike, David Wingeate, *Jours de gloire, jours de honte* (Le Parti Communiste d'Espagne en France depuis son arrivée en 1939 jusqu'à son départ en 1950), Sedes, París, 1984.

Pioneer Corps, *The Royal Pioneer Corps*, Editado por el mismo Cuerpo, Sutherland, 1982.

Pons Prades, Eduard, *Los republicanos españoles en la Segunda Guerra Mundial*, Planeta, Barcelona, 1975.

Pons Prades, E., Constante, M., *Los cerdos del comandante*, Argos-Vergara, Barcelona, 1978.

Proces des Grands Criminels de Guerre devant le Tribunal Militaire International, Nuremberg, 1947.

Pujol, Joan, (con West, Nigel) *Garbo, el espía del siglo*, Planeta, Barcelona, 1985.

Ramonatxo, Héctor, *Ils on franchi les Pyrénées*, Editions Les Presses Continentales, París, 1959.

Remy, coronel, *Mémoires d'un agent secret de la France libre*, vol. 1 y 2, Éditions France-Empire, París, 1959.

—, *Histoires catalanes* (Forma parte del conjunto *La ligne de démarcation*, que consta de 21 volúmenes), Librairie Académique Perrin, París, 1969.

Rhodes.Wood, E. M. *War History of the Royal Pioneer Corps 1939-1945*, Aldershot Gale and Polden, Londres, 1960.

Rodrigo, Antonina, *Trueta, héroe anónimo de dos guerras*, Plaza y Janés, Barcelona, 1977.

Rubio, Javier, *La emigración de la Guerra Civil española de 1936-1939*, San Martín, Madrid, 1977.

Ruiz Ayucar, Ángel, *La Rusia que conocí*, Ed. Del Movimiento, Madrid, 1954.

Santiago, L., Lloris, G., Barrera, R., *Internamiento y resistencia de los republicanos españoles en África del norte durante la Segunda Guerra Mundial*, Rafael Barrera, Sant Cugat del Vallés, 1981.

Sanz, Miguel Ángel, *Luchando en tierras de Francia*, Ediciones de la Torre, Madrid, 1981.

Sariol, J., Arias, J., *Los vimos pasar*, Barcelona, 1948.

Soriano, Antonio, Éxodos. *Historia oral del exilio republicano en Francia*, Crítica, Barcelona, 1989.

Starinov, Ilya, *Los españoles en la retaguardia del enemigo* y *Bajo una misma bandera*.

Stein, Louis, *Par-delà l'exil et la mort (les républicains espagnols en France)*, Edit. Mazarine, París, 1981.

Tagüeña, Manuel, *Testimonio de dos guerras*, Oasis, México, 1973 (reeditado por Planeta, Barcelona, 1978).

Tillon, Charles, *Les FTP: Témoignage pour servir à l'Histoire de la Résistance*, Juillard, París, 1965.

Torris, M. J., *Narvik*, Fayard, Paris, 1963.

Tuñón de Lara, Manuel, *Los exiliados españoles en la Segunda Guerra Mundial*, en la obra colectiva *El exilio español de 1939*, Taurus, Madrid, 1976.

Twyford, H.P., *It came to our door: Plymouth in the World War*, Underhill, Plymouth, 1945.

Vilanova, Antonio, *Los olvidados. Los exiliados españoles en la Segunda Guerra Mundial*, Ruedo ibérico, París, 1969.

Vuillet, Pierre, *Les Chemins d'Espagne. Mémoires et documents sur la guerra secrète a travers les Pyrénées, 1940-1945*, Gaucher, París, 1948.

West, Nigel, *MI-5: British Security Service Operations 1909-1945*, Weindenfeld and Nicholson, Londres, 1983.

—, *Garbo, el espía del siglo*, Planeta, Barcelona, 1985.

Índice

HISTORIAS CURIOSAS DE LA SEGUNDA GUERRA MUNDIAL

CRIMINALES NAZIS DEL EXTERMINIO

Historias sobre los infames protagonistas del Holocausto

Este libro narra diferentes historias de personajes siniestros del Tercer Reich que fueron los artífices de la más cruel y despiadada operación de exterminio del siglo XX. Nombres como Himmler, Eichmann o Barbie pasaron de ser crueles ejecutores a ser presa de caza de aquellos que se dedicaron a buscar, identificar y perseguir nazis fugitivos. Sin duda tenían buenos motivos para odiarlos, aunque en la mayoría de los casos la venganza personal fue sublimada por un impulso de hacer justicia.

- Reinhard Heydrich, de célebre compositor a represor desalmado.
- Adolf Eichmann, el responsable directo de la "solución final".
- Rudolf Höss, el hombre del Zyklon B.
- Franz Stangl, el asesino despiadado de Treblinka.
- Josef Mengele, el médico diabólico.
- Los atentados fallidos.
- Abba Kovner, el guerrillero poeta.